Bilingual
VISUAL
dictionary

Bilingual

VISUAL

dictionary

DK | Penguin Random House

DK LONDON
Senior Editor Scarlett O'Hara
Senior Art Editor Vicky Short
Project Manager Christine Stroyan
Jacket Editor Claire Gell
Jacket Design Development Manager Sophia MTT
Preproduction Producer Andy Hillard
Senior Producer Alex Bell
Managing Art Editor Christine Keilty
Art Director Karen Self
Associate Publisher Liz Wheeler
Publishing Director Jonathan Metcalf

DK INDIA
Editor Arpita Dasgupta
Assistant Editor Priyanjali Narain
Art Editor Yashashvi Choudhary
DTP Designers Jaypal Chauhan Singh, Anita Yadav
Jacket Designer Tanya Mehrotra
Jackets Editorial Coordinator Priyanka Sharma
Preproduction Manager Balwant Singh
Production Manager Pankaj Sharma

Designed for Dorling Kindersley by WaltonCreative.com
Art Editor Colin Walton, assisted by Tracy Musson
Designers Peter Radcliffe, Earl Neish, Ann Cannings
Picture Research Marissa Keating

Language content for Dorling Kindersley by
First Edition Translations Ltd, Cambridge, UK
Translator Maria Hooper
Editor Norma Tait
Typesetting Writeldea

This American Edition, 2019
First American Edition, 2010
Published in the United States by DK Publishing
1745 Broadway, 20th Floor, New York, NY 10019

Copyright © 2010, 2016, 2018 Dorling Kindersley Limited
DK, a Division of Penguin Random House LLC
23 24 25 10 9 8 7
014–308065–Feb/2018

A catalog record for this book
is available from the Library of Congress.
ISBN 978-1-4654-6920-5

DK books are available at special discounts when purchased in bulk
for sales promotions, premiums, fund-raising, or educational use.
For details, contact: DK Publishing Special Markets,
1745 Broadway, 20th Floor, New York, NY 10019
SpecialSales@dk.com

Printed and bound in China

For the curious
www.dk.com

MIX
Paper | Supporting
responsible forestry
FSC™ C018179

This book was made with Forest
Stewardship Council™ certified
paper - one small step in DK's
commitment to a sustainable future.
For more information go to
www.dk.com/our-green-pledge

índice
contents

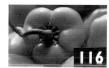

ÍNDICE • CONTENTS

português • english

comer fora •
eating out

o estudo • study

o trabalho • work

os transportes •
transportation

os desportos •
sports

o lazer • leisure

o ambiente •
environment

referência •
reference

sobre o dicionário

Está comprovado que a utilização de imagens ajuda na compreensão e retenção da informação. Baseado neste princípio, este dicionário bilingue altamente ilustrado apresenta uma ampla gama de vocabulário útil e actual em duas línguas europeias.

O dicionário está dividido por temas e cobre a maior parte dos aspectos do mundo quotidiano em pormenor, desde o restaurante ao ginásio, da casa ao local de trabalho e desde o espaço ao reino animal. Encontrará também palavras e frases adicionais para utilizar na conversação e para alargar o seu vocabulário.

Este dicionário é um instrumento de referência essencial para todos os que se interessam pelas línguas – é prático, estimulante e fácil de utilizar.

Alguns pontos a observar

As duas línguas são sempre apresentadas na mesma ordem: português e inglês.

Em português, os substantivos mostram-se sempre com os seus artigos definidos a reflectir o género (masculino ou feminino) e o número (singular ou plural), por exemplo:

a semente   **as amêndoas**
seed   almonds

Os verbos são indicados por um (v) depois do inglês, por exemplo:

colher = harvest (v)

Cada língua tem o seu próprio índice no final do livro. Aí poderá consultar uma palavra em qualquer das duas línguas e ser encaminhado para a(s) página(s) onde a mesma aparece. O género dos substantivos é indicado com as seguintes abreviaturas:

m = masculino
f = feminino

como utilizar este livro

Quer esteja a aprender uma língua nova por motivos de trabalho, prazer ou para se preparar para umas férias no estrangeiro, ou queira aumentar o seu vocabulário numa língua que já conhece, este dicionário é um instrumento de aprendizagem valioso que poderá utilizar de várias maneiras diferentes.

Ao aprender uma nova língua, procure as palavras similares em línguas diferentes e as palavras que parecem similares mas que têm significados totalmente distintos. Poderá também observar como as línguas se influenciaram entre si. Por exemplo, a língua inglesa importou muitos termos de comida de outras línguas europeias, mas, em troca, exportou termos empregados na tecnologia e cultura popular.

Actividades práticas de aprendizagem

• Enquanto anda pela sua casa, local de trabalho ou escola, tente procurar as páginas que se referem a esse local. Poderá então fechar o livro, olhar em seu redor e ver de quantos objectos ou características consegue lembrar-se.
• Lance a si mesmo o desafio de escrever uma história, uma carta ou um diálogo empregando tantos termos de uma determinada página quantos conseguir. Isto ajudá-lo-á a reter o vocabulário e a lembrar-se da ortografia. Se quiser progredir para uma composição mais longa, comece com frases que incorporem 2 ou 3 palavras.
• Se tiver uma boa memória visual, tente desenhar ou decalcar objectos do livro num papel; a seguir feche o livro e escreva as palavras correspondentes abaixo do desenho.
• Quando se sentir mais seguro, escolha palavras do índice na língua estrangeira e veja se sabe o que significam antes de consultar a página correspondente para comprovar se tinha razão.

aplicação de áudio grátis

A aplicação de áudio inclui todas as frases e palavras presentes no livro lidas em português e em inglês por narradores nativos da língua de aprendizagem, sendo assim mais fácil de aprender o vocabulário e melhorar a sua pronúncia.

como usar a aplicação

• Para encontrar esta aplicação grátis, basta pequisar por "DK Visual Dictionary" na loja de aplicações de sua preferência.
• Abra a aplicação e escaneie o código de barras (ou introduza o código. ISBN) para desbloquear o seu Dicionário Visual Bilingue na biblioteca da aplicação.
• Descarregue o ficheiros de áudio do seu livro.
• Introduza o número de página e percorra a lista de cima a baixo para encontrar palavras ou frases. As palavras podem ser organizadas alfabeticamente em português ou em inglês.
• Toque numa palavra para a ouvir
• Deslize para a esquerda ou direita de maneira a navegar para a página anterior ou seguinte.
• Pode também adicionar palavras aos seus Favoritos.

about the dictionary

The use of pictures is proven to aid understanding and the retention of information. Working on this principle, this highly-illustrated bilingual dictionary presents a large range of useful current vocabulary in two European languages.

The dictionary is divided thematically and covers most aspects of the everyday world in detail, from the restaurant to the gym, the home to the workplace, and from outer space to the animal kingdom. You will also find additional words and phrases for conversational use and for extending your vocabulary.

This is an essential reference tool for anyone interested in languages—practical, stimulating, and easy-to-use.

A few things to note

The two languages are always presented in the same order—Portuguese and English.

In Portuguese, nouns are given with their definite articles reflecting the gender (masculine or feminine) and number (singular or plural), for example:

a semente	**as amêndoas**
seed	almonds

Verbs are indicated by a (v) after the English, for example:
colher = harvest (v)

Each language also has its own index at the back of the book. Here you can look up a word in either of the two languages and be referred to the page number(s) where it appears. The gender of nouns is shown using the following abbreviations:

m = masculine
f = feminine

pronunciation tips

Vowels:
pilha (battery) and mula (mule) – the pronunciation of **i** and **u** doesn't change in most words – **i** like **ee** in tree, and **u** like **oo** in booster

Nasal sounds:
ão, as in "pão" (bread): pown[g]; **ãe**, as in "mãe" (mother): mayn[g]; **õe**, as in "feijões" (beans), sounds like **oin** in point: fayJoinsh

Consonants:
homem (man) – **h** is always silent at the beginning of the word
tenho (I have) – **nh** sounds like ny, tenyo
Julho (July) – **lh** sounds like ly, joolyo
tacho (pan) – **ch** sounds like **sh** in shadow
cenoura (carrot) and ciclone (cyclone) – **c** before **e** and **i** is soft like **s** in sand, otherwise it sounds like the **c** in corner before **a**, **o** and **u**.
taça (cup) – **ç** always sounds like a soft **s** as in sun
gelo (ice) and girata (giraffe) – **g** sounds like **s** in measure before **e** and **i**
guia (guide) – **gu** sounds like **g** in goat before **e** and **i**
caro (expensive) and carro (car) – one **r** sounds like **r** in Dora and **rr** is like **r** in rat
casa (house) – one **s** between vowels sounds like **z** in zebra. Sapato (shoe) – the initial **s** sounds like **s** in sun. Passado (past) – **ss** also sounds like **s** in sun.
táxi (taxi) – **x** sounds like in the English equivalent taxi. Baixo (low) **x** sounds like **sh** in shop. Próximo (next) – **x** sounds like **c** in pace. Exacto (exact) – **x** sounds like **z** in zebra.

free audio app

The audio app contains all the words and phrases in the book, spoken by native speakers in both Portuguese and English, making it easier to learn important vocabulary and improve your pronunciation.

how to use the audio app

• Search for "DK Visual Dictionary" and download the free app on your smartphone or tablet from your chosen app store.
• Open the app and scan the barcode (or enter the ISBN) to unlock your Visual Dictionary in the Library.
• Download the audio files for your book.
• Enter a page number, then scroll up and down through the list to find a word or phrase. Words can be ordered alphabetically in Portuguese or English.
• Tap a word to hear it.
• Swipe left or right to view the previous or next page.
• Add words to your Favorites.

as pessoas
people

o corpo • body

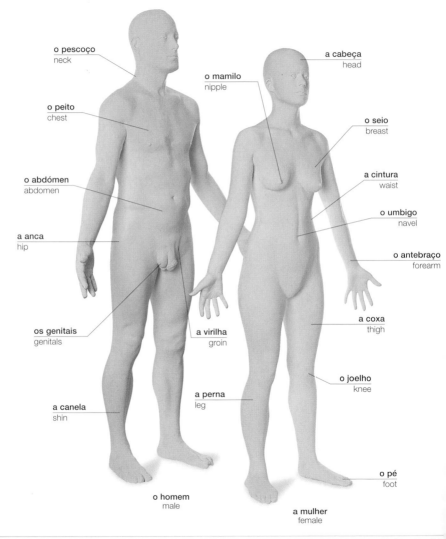

o pescoço
neck

o peito
chest

o abdómen
abdomen

a anca
hip

os genitais
genitals

a canela
shin

o mamilo
nipple

a cabeça
head

o seio
breast

a cintura
waist

o umbigo
navel

o antebraço
forearm

a coxa
thigh

o joelho
knee

a virilha
groin

a perna
leg

o pé
foot

o homem
male

a mulher
female

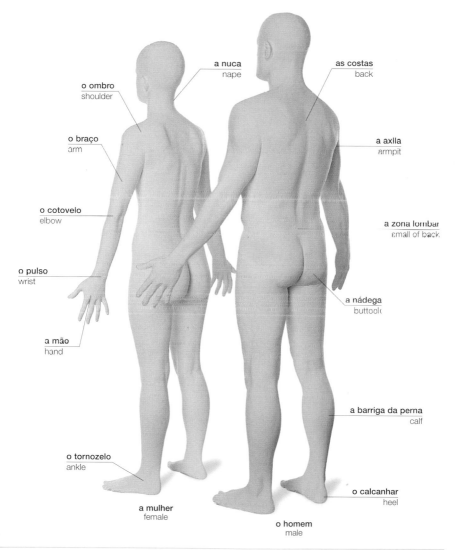

o ombro
shoulder

a nuca
nape

as costas
back

o braço
arm

a axila
armpit

o cotovelo
elbow

a zona lombar
small of back

o pulso
wrist

a nádega
buttock

a mão
hand

a barriga da perna
calf

o tornozelo
ankle

o calcanhar
heel

a mulher
female

o homem
male

a cara • face

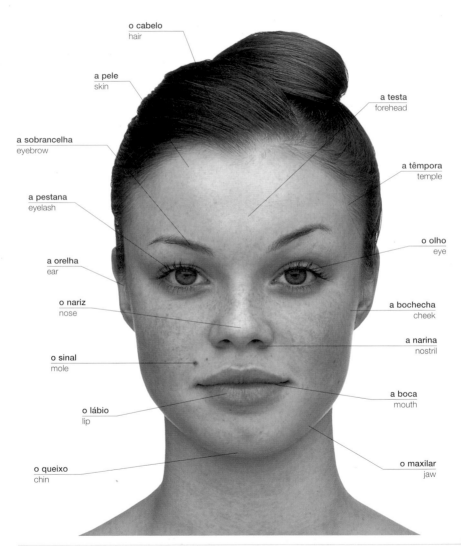

o cabelo
hair

a pele
skin

a testa
forehead

a sobrancelha
eyebrow

a têmpora
temple

a pestana
eyelash

o olho
eye

a orelha
ear

o nariz
nose

a bochecha
cheek

a narina
nostril

o sinal
mole

o lábio
lip

a boca
mouth

o queixo
chin

o maxilar
jaw

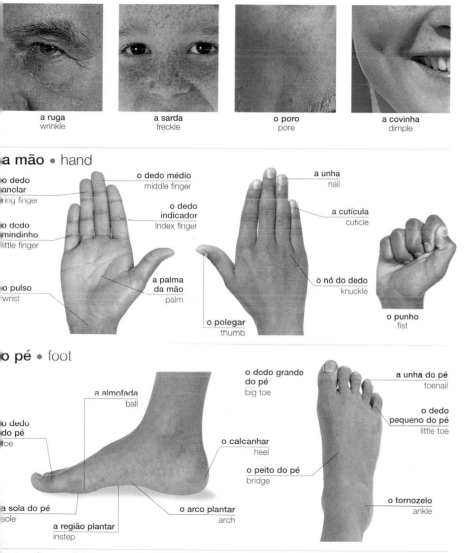

a ruga
wrinkle

a sarda
freckle

o poro
pore

a covinha
dimple

a mão • hand

o dedo
anelar
ring finger

o dedo médio
middle finger

o dedo
indicador
index finger

a unha
nail

a cutícula
cuticle

o dedo
mindinho
little finger

o pulso
wrist

a palma
da mão
palm

o nó do dedo
knuckle

o polegar
thumb

o punho
fist

o pé • foot

a almofada
ball

o dedo grande
do pé
big toe

a unha do pé
toenail

o dedo
do pé
toe

o calcanhar
heel

o peito do pé
bridge

o dedo
pequeno do pé
little toe

a sola do pé
sole

a região plantar
instep

o arco plantar
arch

o tornozelo
ankle

os músculos • muscles

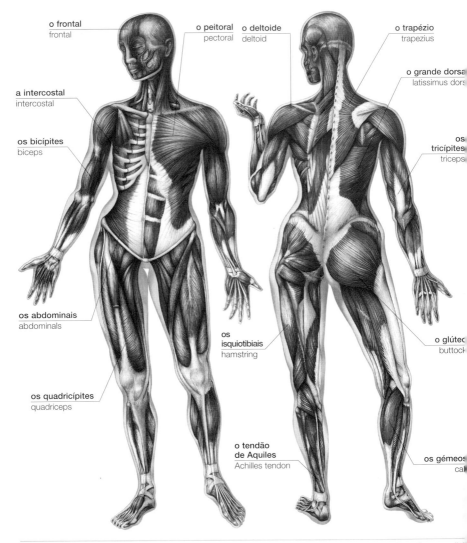

o frontal
frontal

o peitoral
pectoral

o deltoide
deltoid

o trapézio
trapezius

o grande dorsa
latissimus dors

a intercostal
intercostal

os bicípites
biceps

os
tricípites
triceps

os abdominais
abdominals

os
isquiotibiais
hamstring

o glúteo
buttock

os quadricípites
quadriceps

o tendão
de Aquiles
Achilles tendon

os gémeos
cal

o esqueleto • skeleton

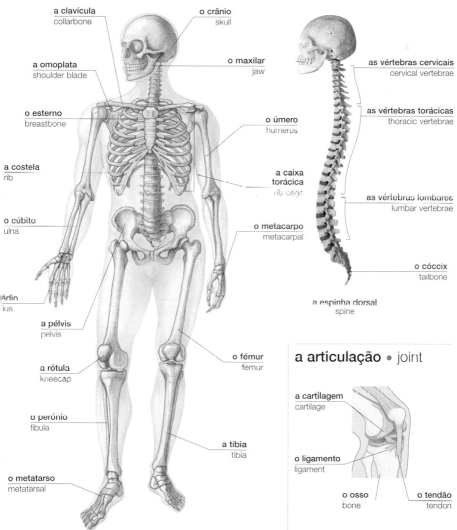

a clavícula
collarbone

o crânio
skull

a omoplata
shoulder blade

o maxilar
jaw

as vértebras cervicais
cervical vertebrae

o esterno
breastbone

o úmero
humerus

as vértebras torácicas
thoracic vertebrae

a costela
rib

a caixa
torácica
rib cage

o cúbito
ulna

as vértebras lombares
lumbar vertebrae

o metacarpo
metacarpal

o cóccix
tailbone

rádio
ius

a espinha dorsal
spine

a pélvis
pelvis

a rótula
kneecap

o fémur
femur

a articulação • joint

a cartilagem
cartilage

o perónio
fibula

a tíbia
tibia

o ligamento
ligament

o metatarso
metatarsal

o osso
bone

o tendão
tendon

os órgãos internos • internal organs

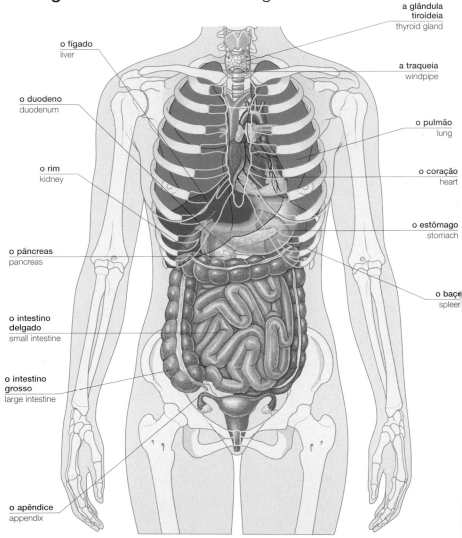

a glândula
tiroideia
thyroid gland

o fígado
liver

a traqueia
windpipe

o duodeno
duodenum

o pulmão
lung

o rim
kidney

o coração
heart

o estômago
stomach

o pâncreas
pancreas

o baço
spleen

o intestino
delgado
small intestine

o intestino
grosso
large intestine

o apêndice
appendix

português • english

a cabeça • head

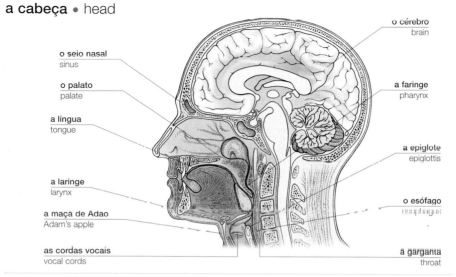

o seio nasal
sinus

o palato
palate

a língua
tongue

a laringe
larynx

a maça de Adao
Adam's apple

as cordas vocais
vocal cords

o cérebro
brain

a faringe
pharynx

a epiglote
epiglottis

o esófago
oesophagus

a garganta
throat

os sistemas • body systems

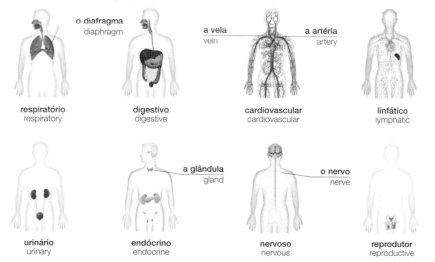

o diafragma
diaphragm

a vela
vein

a artéria
artery

respiratório
respiratory

digestivo
digestive

cardiovascular
cardiovascular

linfático
lymphatic

a glândula
gland

o nervo
nerve

urinário
urinary

endócrino
endocrine

nervoso
nervous

reprodutor
reproductive

os órgãos reprodutores • reproductive organs

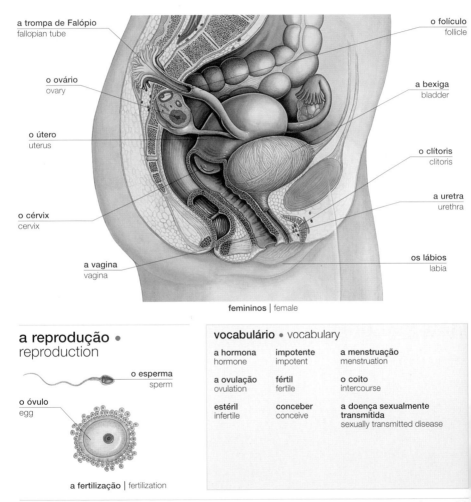

a trompa de Falópio
fallopian tube

o ovário
ovary

o útero
uterus

o cérvix
cervix

a vagina
vagina

o folículo
follicle

a bexiga
bladder

o clítoris
clitoris

a uretra
urethra

os lábios
labia

femininos | female

a reprodução • reproduction

o esperma
sperm

o óvulo
egg

a fertilização | fertilization

vocabulário • vocabulary

a hormona hormone	impotente impotent	a menstruação menstruation
a ovulação ovulation	fértil fertile	o coito intercourse
estéril infertile	conceber conceive	a doença sexualmente transmitida sexually transmitted disease

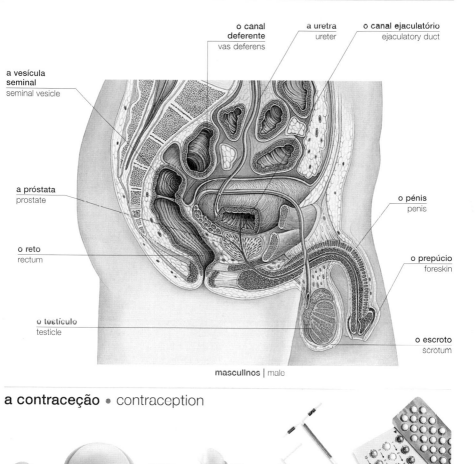

o canal deferente
vas deferens

a uretra
ureter

o canal ejaculatório
ejaculatory duct

a vesícula seminal
seminal vesicle

a próstata
prostate

o pénis
penis

o reto
rectum

o prepúcio
foreskin

o testículo
testicle

o escroto
scrotum

masculinos | male

a contraceção • contraception

capuz cervical
cervical cap

o diafragma
diaphragm

o preservativo
condom

o dispositivo intra-uterino (DIU)
IUD

a pílula
pill

a família • family

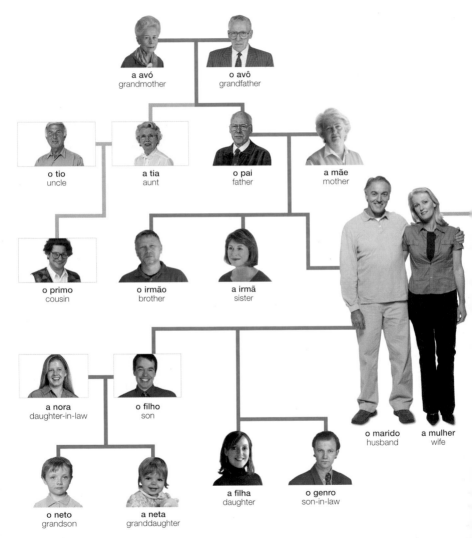

a avó
grandmother

o avô
grandfather

o tio
uncle

a tia
aunt

o pai
father

a mãe
mother

o primo
cousin

o irmão
brother

a irmã
sister

o marido
husband

a mulher
wife

a nora
daughter-in-law

o filho
son

a filha
daughter

o genro
son-in-law

o neto
grandson

a neta
granddaughter

o vocabulário • vocabulary

os parentes relatives	**os pais** parents	**os netos** grandchildren	**a madrasta** stepmother	**o enteado** stepson	**a geração** generation
os avós grandparents	**os filhos** children	**o padrasto** stepfather	**a enteada** stepdaughter	**o/a companheiro/a** partner	**os gémeos** twins

a sogra
mother-in-law

o sogro
father-in-law

o cunhado
brother-in-law

a cunhada
sister-in-law

a sobrinha
niece

o sobrinho
nephew

Senhora
Mrs

as formas de tratamento • titles

Senhor
Mr

Menina
Miss/Ms.

as fases da vida • stages

o bebé
baby

a criança
child

o menino
boy

a menina
girl

a adolescente
teenager

o adulto
adult

o homem
man

a mulher
woman

os relacionamentos • relationships

a assistente	o chefe	a sócia	o empregado	a empregadora	o colega
assistant	manager	business partner	employer	employee	colleague

o escritório | office

a vizinha	o amigo	o conhecido	a correspondente
neighbor	friend	acquaintance	pen pal

o namorado	a namorada	o noivo	a noiva
boyfriend	girlfriend	fiancé	fiancée

o casal | couple

os noivos | engaged couple

as emoções • emotions

o sorriso
smile

feliz
happy

triste
sad

entusiasmado
excited

aborrecido
bored

surpreendido
surprised

assustado
scared

franzir o
sobrolho
frown

zangado
angry

confuso
confused

preocupada
worried

nervoso
nervous

orgulhoso
proud

confiante
confident

envergonhado
embarrassed

tímido
shy

vocabulário • vocabulary

indignado upset	**rir (v)** laugh (v)	**suspirar (v)** sigh (v)	**gritar (v)** shout (v)
chocado shocked	**chorar (v)** cry (v)	**desmaiar (v)** faint (v)	**bocejar (v)** yawn (v)

os acontecimentos da vida • life events

nascer (v)
be born (v)

ir para a escola (v)
start school (v)

fazer amigos (v)
make friends (v)

licenciar-se (v)
graduate (v)

arranjar emprego (v)
get a job (v)

apaixonar-se (v)
fall in love (v)

casar (v)
get married (v)

ter um filho (v)
have a baby (v)

o casamento | wedding

vocabulário • vocabulary

o batizado
christening

o bar mitzvah
bar mitzvah

o aniversário
anniversary

emigrar (v)
emigrate (v)

reformar-se (v)
retire (v)

morrer (v)
die (v)

fazer testamento (v)
make a will (v)

**a certidão de
nascimento**
birth certificate

o copo-d'água
wedding reception

a lua-de-mel
honeymoon

o divórcio
divorce

o funeral
funeral

as celebrações • celebrations

as festividades • festivals

a festa de aniversário
birthday party

o cartão
card

a prenda
present

o aniversário
birthday

o Natal
Christmas

a Páscoa judaica
Passover

o Ano Novo
New Year

o Carnaval
carnival

o desfile
procession

o Ramadão
Ramadan

a fita
ribbon

o dia de Ação de Graças
Thanksgiving

a Páscoa
Easter

o Dia das Bruxas
Halloween

o Diwali
Diwali

a aparência
appearance

a roupa de criança • children's clothing

o bebé • baby

o fato para a neve
snowsuit

o body
bodysuit

a mola
snap

o babygrow
onesie

o pijama
sleeper

o fatinho sem pernas
romper

a babete
bib

as luvas
mittens

as botinhas
booties

a fralda de pano
cloth diaper

a fralda descartável
disposable diaper

as cuecas de
plástico
plastic pants

---

a criança pequena • toddler

a t-shirt
T-shirt

as jardineiras
overalls

o chapéu
sun hat

os calções
shorts

a saia
skirt

a babete
com bolso
apron

a criança • child

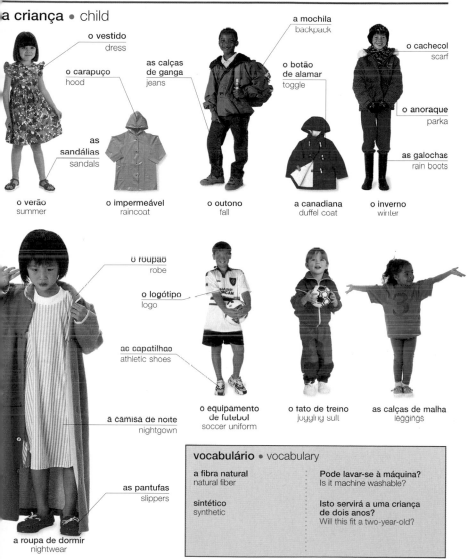

o vestido
dress

o carapuço
hood

as calças
de ganga
jeans

as
sandálias
sandals

o verão
summer

o impermeável
raincoat

a mochila
backpack

o botão
de alamar
toggle

o outono
fall

a canadiana
duffel coat

o cachecol
scarf

o anoraque
parka

as galochas
rain boots

o inverno
winter

o roupão
robe

o logótipo
logo

os sapatilhas
athletic shoes

a camisa de noite
nightgown

o equipamento
de futebol
soccer uniform

o fato de treino
jogging suit

as calças de malha
leggings

as pantufas
slippers

a roupa de dormir
nightwear

vocabulário • vocabulary

a fibra natural
natural fiber

sintético
synthetic

Pode lavar-se à máquina?
Is it machine washable?

Isto servirá a uma criança
de dois anos?
Will this fit a two-year-old?

a roupa de homem • men's clothing

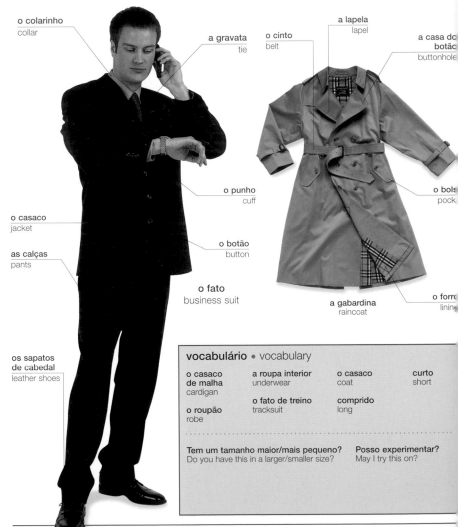

o colarinho
collar

a gravata
tie

o cinto
belt

a lapela
lapel

a casa do
botão
buttonhole

o punho
cuff

o bolso
pocket

o casaco
jacket

as calças
pants

o botão
button

o fato
business suit

o forro
lining

a gabardina
raincoat

os sapatos
de cabedal
leather shoes

vocabulário • vocabulary

o casaco de malha cardigan	a roupa interior underwear	o casaco coat	curto short
o roupão robe	o fato de treino tracksuit	comprido long	

Tem um tamanho maior/mais pequeno?
Do you have this in a larger/smaller size?

Posso experimentar?
May I try this on?

o blazer
blazer

o casaco desportivo
sport coat

o colete
vest

o decote em V
V-neck

a gola redonda
crew neck

a t-shirt
T-shirt

o anoraque
parka

a sweatshirt
sweatshirt

a camisa
shirt

as calças de ganga
jeans

a camisola de lã
sweater

o pijama
pajamas

a camisola interior
undershirt

a roupa informal
casual wear

os calções
shorts

as cuecas
briefs

os boxers
boxer shorts

as meias
socks

a roupa de senhora • women's clothing

o casaco
jacket

a costura
seam

a manga
sleeve

comprido
ankle length

a saia
skirt

a bainha
hem

pelo joelho
knee length

os sapatos
shoes

formal
formal

sem alças
strapless

sem mangas
sleeveless

o vestido de noite
evening dress

o vestido
dress

a blusa
blouse

as calças
pants

informal
casual

a lingerie • lingerie

a alça
strap

o roupão
robe

a combinação
slip

a camisola interior
camisole

as ligas
garter straps

o corpete
com ligas
bustier

a meia
stocking

os collants
panty hose

o soutien
bra

as cuecas
panties

a camisa de noite
nightgown

o casamento • wedding

a renda
lace

o véu
veil

o ramo de flores
bouquet

a cauda
train

o vestido de noiva
wedding dress

vocabulário • vocabulary

o espartilho
corset

de corte justo
tailored

a liga
garter

sem costas
halter neck

os chumaços
shoulder pad

com aros
underwire

a cintura
waistband

o soutien de
desporto
sports bra

os acessórios • accessories

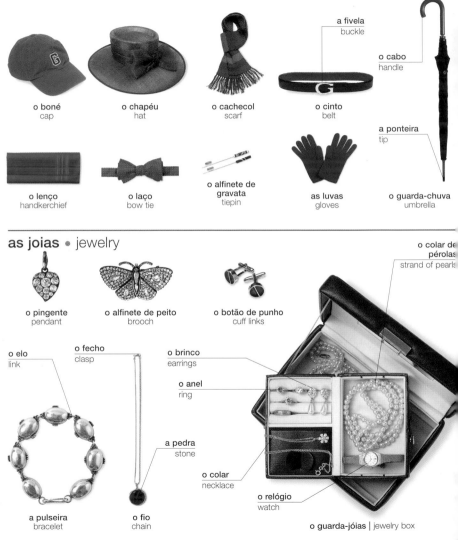

o boné
cap

o chapéu
hat

o cachecol
scarf

a fivela
buckle

o cabo
handle

o cinto
belt

a ponteira
tip

o lenço
handkerchief

o laço
bow tie

o alfinete de gravata
tiepin

as luvas
gloves

o guarda-chuva
umbrella

as joias • jewelry

o colar de pérolas
strand of pearls

o pingente
pendant

o alfinete de peito
brooch

o botão de punho
cuff links

o elo
link

o fecho
clasp

o brinco
earrings

o anel
ring

a pedra
stone

o colar
necklace

o relógio
watch

a pulseira
bracelet

o fio
chain

o guarda-jóias | jewelry box

as malas • bags

a carteira de homem
wallet

a carteira de senhora
change purse

a mala de ombro
shoulder bag

o fecho
clasp

a alça
shoulder strap

as asas
handles

o saco de viagem
duffel bag

a pasta
briefcase

a mala de mão
handbag

a mochila
backpack

os sapatos • shoes

o atacador
lace

a pala
tonguo

o ilhó
eyelet

a sola
sole

o sapato de atacadores
lace-up

o tacão
heel

a bota
boot

as botas de montanha
hiking boot

o ténis
sneaker

o chinelo de praia
flip-flop

o sapato de couro
dress shoe

sapato de salto alto
high-heeled shoe

o sapato de cunha
wedge

a sandália
sandal

o mocassim
slip-on

a sabrina
pump

o cabelo • hair

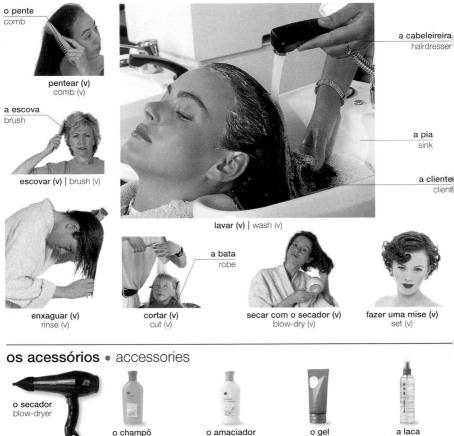

o pente
comb

pentear (v)
comb (v)

a escova
brush

escovar (v) | brush (v)

enxaguar (v)
rinse (v)

a cabeleireira
hairdresser

a pia
sink

a cliente
client

lavar (v) | wash (v)

a bata
robe

cortar (v)
cut (v)

secar com o secador (v)
blow-dry (v)

fazer uma mise (v)
set (v)

os acessórios • accessories

o secador
blow-dryer

o champô
shampoo

o amaciador
conditioner

o gel
gel

a laca
hairspray

o ferro de frisar
curling iron

a tesoura
scissors

a bandolete
headband

o alisador de cabelo
hair straightener

o gancho
bobby pins

os penteados • styles

o rabo de cavalo
ponytail

a trança
braid

a banana
French twist

o puxo
bun

os totós
pigtails

o bob
bob

o corte curto
crop

encaracolado
curly

permanente
perm

liço
straight

as raízes
roots

as madeixas
highlights

careca
bald

a cabeleira postiça
wig

vocabulário • vocabulary

aparar (v) trim (v)	**oleoso** greasy
alisar (v) straighten (v)	**seco** dry
o barbeiro barber	**normal** normal
a caspa dandruff	**o couro cabeludo** scalp
as pontas espigadas split ends	**o elástico de cabelo** hairband
a barba beard	**o bigode** mustache

as cores • colors

louro
blonde

castanho
brunette

cobre
auburn

ruivo
red

preto
black

grisalho
gray

branco
white

pintado
dyed

a beleza • beauty

a tinta do cabelo
hair dye

a sombra de
olhos
eye shadow

a máscara
de pestanas
mascara

o lápis de olhos
eyeliner

o blush
blush

a base
foundation

o batom
lipstick

a maquilhagem • makeup

o lápis de sobrancelhas
eyebrow pencil

a escova de sobrancelhas
eyebrow brush

a pinça
tweezers

o gloss
lip gloss

o pincel para lábios
lip brush

o lápis de contorno
lip liner

o pincel
brush

o corretor
concealer

o espelho
mirror

o pó de
arroz
face powder

a esponja
powder puff

a caixa de pó compacto | compact

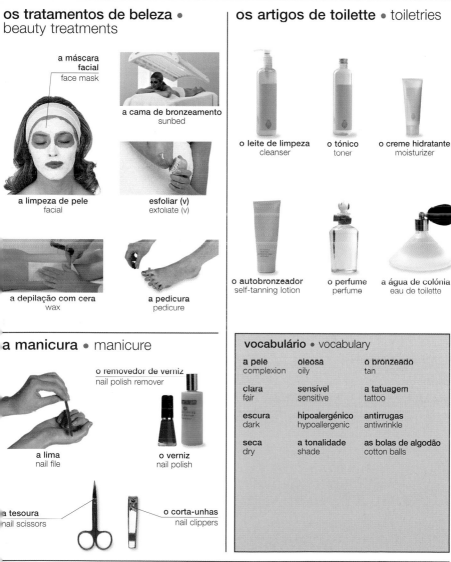

os tratamentos de beleza • beauty treatments

a máscara facial
face mask

a cama de bronzeamento
sunbed

a limpeza de pele
facial

esfoliar (v)
exfoliate (v)

a depilação com cera
wax

a pedicura
pedicure

os artigos de toilette • toiletries

o leite de limpeza
cleanser

o tónico
toner

o creme hidratante
moisturizer

o autobronzeador
self-tanning lotion

o perfume
perfume

a água de colónia
eau de toilette

a manicura • manicure

o removedor de verniz
nail polish remover

a lima
nail file

o verniz
nail polish

a tesoura
nail scissors

o corta-unhas
nail clippers

vocabulário • vocabulary

a pele complexion	oleosa oily	o bronzeado tan
clara fair	sensível sensitive	a tatuagem tattoo
escura dark	hipoalergénico hypoallergenic	antirrugas antiwrinkle
seca dry	a tonalidade shade	as bolas de algodão cotton balls

português • english

a saúde
health

a doença • illness

a febre | fever

o inalador
inhaler

a dor de cabeça
headache

a hemorragia nasal
nosebleed

a tosse
cough

o espirro
sneeze

a constipação
cold

a gripe
flu

a asma
asthma

as cãibras
cramps

a náusea
nausea

a varicela
chicken pox

a erupção
cutânea
rash

vocabulário • vocabulary

o AVC stroke	a diabetes diabetes	o eczema eczema	o resfriado chill	vomitar (v) vomit (v)	a diarreia diarrhea
a tensão arterial blood pressure	a alergia allergy	a infeção infection	a dor de estômago stomachache	a epilepsia epilepsy	o sarampo measles
o enfarte do miocárdio heart attack	a febre dos fenos hay fever	o vírus virus	desmaiar (v) faint (v)	a enxaqueca migraine	a papeira mumps

o médico • doctor
a consulta • consultation

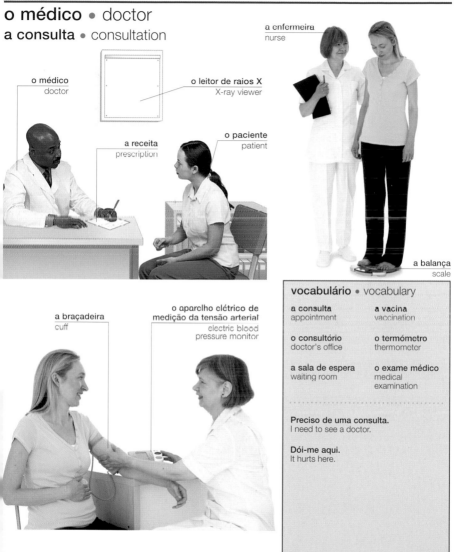

a enfermeira
nurse

o médico
doctor

o leitor de raios X
X-ray viewer

a receita
prescription

o paciente
patient

a balança
scale

a braçadeira
cuff

o aparelho elétrico de
medição da tensão arterial
electric blood
pressure monitor

vocabulário • vocabulary

a consulta
appointment

a vacina
vaccination

o consultório
doctor's office

o termómetro
thermometer

a sala de espera
waiting room

o exame médico
medical
examination

Preciso de uma consulta.
I need to see a doctor.

Dói-me aqui.
It hurts here.

a lesão • injury

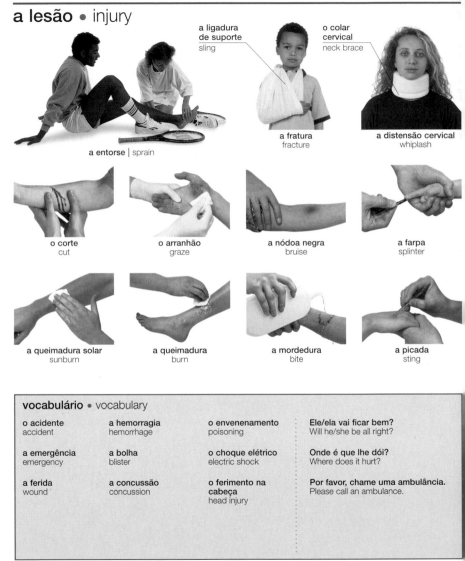

a ligadura
de suporte
sling

o colar
cervical
neck brace

a entorse | sprain

a fratura
fracture

a distensão cervical
whiplash

o corte
cut

o arranhão
graze

a nódoa negra
bruise

a farpa
splinter

a queimadura solar
sunburn

a queimadura
burn

a mordedura
bite

a picada
sting

vocabulário • vocabulary

o acidente accident	a hemorragia hemorrhage	o envenenamento poisoning	Ele/ela vai ficar bem? Will he/she be all right?
a emergência emergency	a bolha blister	o choque elétrico electric shock	Onde é que lhe dói? Where does it hurt?
a ferida wound	a concussão concussion	o ferimento na cabeça head injury	Por favor, chame uma ambulância. Please call an ambulance.

os primeiros socorros • first aid

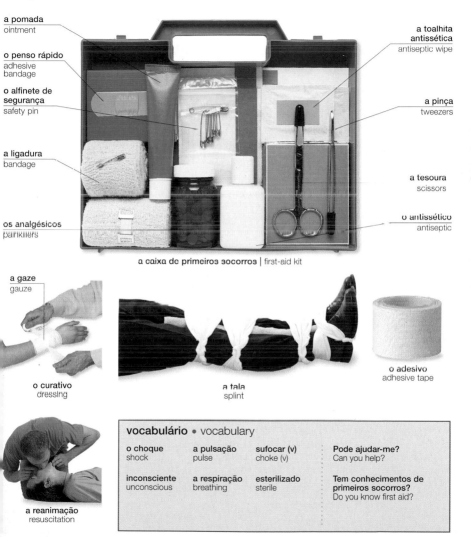

a pomada
ointment

o penso rápido
adhesive
bandage

o alfinete de
segurança
safety pin

a ligadura
bandage

os analgésicos
painkillers

a toalhita
antisséptica
antiseptic wipe

a pinça
tweezers

a tesoura
scissors

o antisséptico
antiseptic

a caixa de primeiros socorros | first-aid kit

a gaze
gauze

o curativo
dressing

a tala
splint

o adesivo
adhesive tape

a reanimação
resuscitation

vocabulário • vocabulary

o choque shock	a pulsação pulse	sufocar (v) choke (v)	Pode ajudar-me? Can you help?
inconsciente unconscious	a respiração breathing	esterilizado sterile	Tem conhecimentos de primeiros socorros? Do you know first aid?

o hospital • hospital

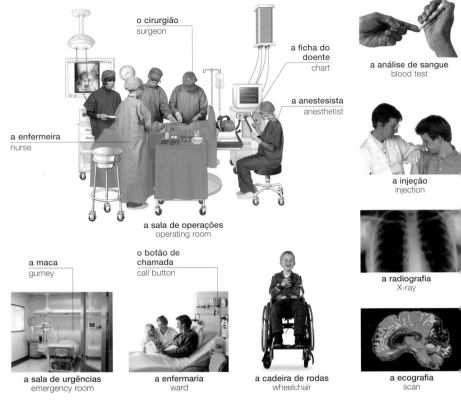

o cirurgião
surgeon

a ficha do doente
chart

a análise de sangue
blood test

a anestesista
anesthetist

a enfermeira
nurse

a sala de operações
operating room

a injeção
injection

a maca
gurney

o botão de chamada
call button

a radiografia
X-ray

a sala de urgências
emergency room

a enfermaria
ward

a cadeira de rodas
wheelchair

a ecografia
scan

vocabulário • vocabulary

a operação operation	com alta discharged	as horas de visita visiting hours	a pediatria children's ward	a unidade de cuidados intensivos intensive care unit
internado admitted	a clínica clinic	a maternidade maternity ward	o quarto particular private room	o paciente externo outpatient

os serviços • departments

a otorrinolaringologia
ENT

a cardiologia
cardiology

a ortopedia
orthopedics

a ginecologia
gynecology

a fisioterapia
physiotherapy

a dermatologia
dermatology

a pediatria
pediatrics

a radiologia
radiology

a cirurgia
surgery

a maternidade
maternity

a psiquiatria
psychiatry

a oftalmologia
ophthalmology

vocabulário • vocabulary

a neurologia neurology	**a urologia** urology	**a endocrinologia** endocrinology	**a patologia** pathology	**o resultado** result
a oncologia oncology	**a cirurgia plástica** plastic surgery	**o encaminhamento** referral	**a análise** test	**o especialista** specialist

o dentista • dentist

o dente • tooth

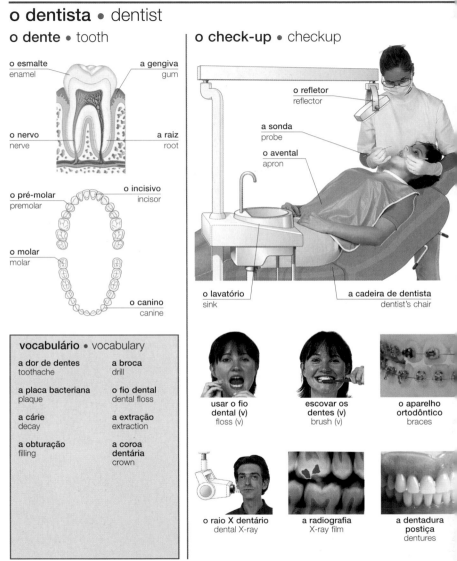

o esmalte
enamel

a gengiva
gum

o nervo
nerve

a raiz
root

o pré-molar
premolar

o incisivo
incisor

o molar
molar

o canino
canine

vocabulário • vocabulary

a dor de dentes
toothache

a broca
drill

a placa bacteriana
plaque

o fio dental
dental floss

a cárie
decay

a extração
extraction

a obturação
filling

a coroa
dentária
crown

o check-up • checkup

o refletor
reflector

a sonda
probe

o avental
apron

o lavatório
sink

a cadeira de dentista
dentist's chair

usar o fio
dental (v)
floss (v)

escovar os
dentes (v)
brush (v)

o aparelho
ortodôntico
braces

o raio X dentário
dental X-ray

a radiografia
X-ray film

a dentadura
postiça
dentures

o oftalmologista • optometrist

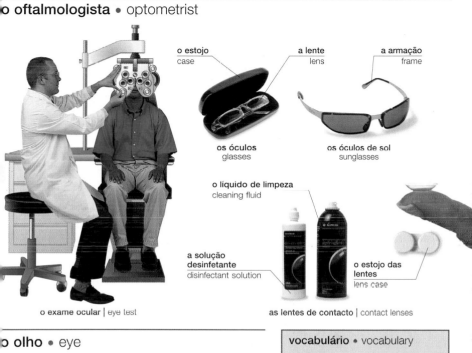

o estojo
case

a lente
lens

a armação
frame

os óculos
glasses

os óculos de sol
sunglasses

o liquido de limpeza
cleaning fluid

a solução
desinfetante
disinfectant solution

o estojo das
lentes
lens case

o exame ocular | eye test

as lentes de contacto | contact lenses

o olho • eye

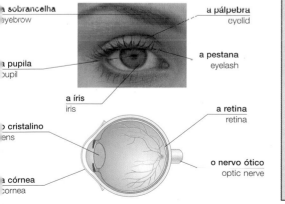

a sobrancelha
eyebrow

a pálpebra
eyelid

a pupila
pupil

a pestana
eyelash

a íris
iris

o cristalino
lens

a retina
retina

a córnea
cornea

o nervo ótico
optic nerve

vocabulário • vocabulary

a visão vision	o astigmatismo astigmatism
a dioptria diopter	a hipermetropia farsighted
a lágrima tear	a miopia nearsighted
a catarata cataract	bifocal bifocal

a gravidez • pregnancy

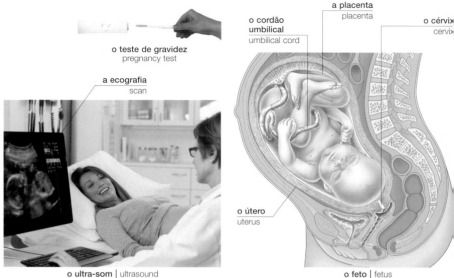

o teste de gravidez
pregnancy test

a ecografia
scan

o ultra-som | ultrasound

o cordão umbilical
umbilical cord

a placenta
placenta

o cérvix
cervix

o útero
uterus

o feto | fetus

vocabulário • vocabulary

a ovulação ovulation	pré-natal prenatal	a amniocentese amniocentesis	a dilatação dilation	o parto delivery	o parto distócico breech birth
a conceção conception	o embrião embryo	a contração contraction	a epidural epidural	o nascimento birth	prematuro premature
grávida pregnant	o útero womb	rebentar as águas (v) break water (v)	a episiotomia episiotomy	o aborto espontâneo miscarriage	o ginecologista gynecologist
grávida expecting	o trimestre trimester	o líquido amniótico amniotic fluid	a cesariana caesarean section	os pontos stitches	o obstetra obstetrician

o parto • childbirth

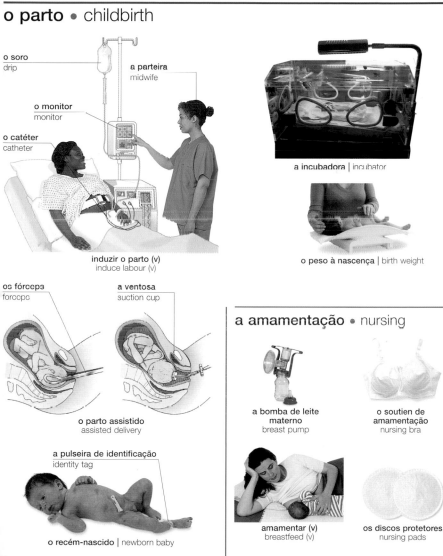

o soro
drip

a parteira
midwife

o monitor
monitor

o catéter
catheter

induzir o parto (v)
induce labour (v)

a incubadora | incubator

o peso à nascença | birth weight

os fórceps
forceps

a ventosa
suction cup

o parto assistido
assisted delivery

a pulseira de identificação
identity tag

o recém-nascido | newborn baby

a amamentação • nursing

a bomba de leite
materno
breast pump

o soutien de
amamentação
nursing bra

amamentar (v)
breastfeed (v)

os discos protetores
nursing pads

as terapias alternativas • alternative therapy

a pose de yoga
yoga pose

o tapete
mat

o ioga | yoga

a massagem
massage

o shiatsu
shiatsu

a quiroprática
chiropractic

a osteopatia
osteopathy

a reflexologia
reflexology

a meditação
meditation

o terapeuta
counselor

a terapia de grupo
group therapy

o reiki
reiki

a acupunctura
acupunture

a ayurveda
ayurveda

a hipnoterapia
hypnotherapy

os óleos essenciais
essential oils

a fitoterapia
herbalism

a aromaterapia
aromatherapy

a homeopatia
homeopathy

a acupressão
acupressure

a terapeuta
therapist

a psicoterapia
psychotherapy

---

vocabulário • vocabulary

o suplemento alimentar supplement	**a naturopatia** naturopathy	**o relaxamento** relaxation	**a erva** herb
a hidroterapia hydrotherapy	**o feng shui** feng shui	**o stress** stress	**a cristaloterapia** crystal healing

o lar
home

a casa • house

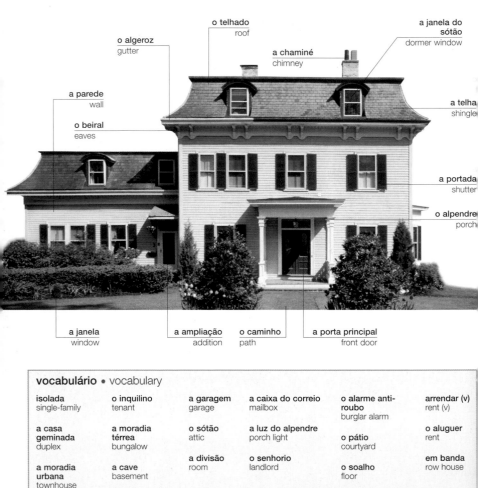

o telhado
roof

a janela do sótão
dormer window

a chaminé
chimney

a parede
wall

o beiral
eaves

a telha
shingle

a portada
shutter

o alpendre
porch

a janela
window

a ampliação
addition

o caminho
path

a porta principal
front door

vocabulário • vocabulary

isolada single-family	**o inquilino** tenant	**a garagem** garage	**a caixa do correio** mailbox	**o alarme anti-roubo** burglar alarm	**arrendar (v)** rent (v)
a casa geminada duplex	**a moradia térrea** bungalow	**o sótão** attic	**a luz do alpendre** porch light	**o pátio** courtyard	**o aluguer** rent
a moradia urbana townhouse	**a cave** basement	**a divisão** room	**o senhorio** landlord	**o soalho** floor	**em banda** row house

a entrada • entrance

o apartamento • apartment

o corrimão
hand rail

o patamar
landing

o balaústre
banister

as escadas
staircase

o vestíbulo
foyer

a campainha
doorbell

o capacho
doormat

o batente
door knocker

a chave
key

a corrente
door chain

a fechadura
lock

o ferrolho
bolt

a varanda
balcony

o prédio de apartamentos
apartment building

o intercomunicador
intercom

o elevador
elevator

as instalações internas • internal systems

a palheta
blade

a ventoinha
fan

o radiador
radiator

o aquecedor
space heater

o convector
convector heater

a eletricidade • electricity

a ligação à terra
ground

o pino
pin

neutro
neutral

a lâmpada
economizadora
de energia
energy-saving bulb

a ficha | plug

com corrente
live

os cabos | wires

vocabulário • vocabulary

a tensão voltage	o fusível fuse	a tomada outlet	a corrente contínua direct current	o corte de energia power outage
amp amp	a caixa dos fusíveis fuse box	o interrutor switch	o transformador transformer	a rede elétrica household current
a corrente elétrica power	o gerador generator	a corrente alterna alternating current	o contador da eletricidade electric meter	

a canalização • plumbing

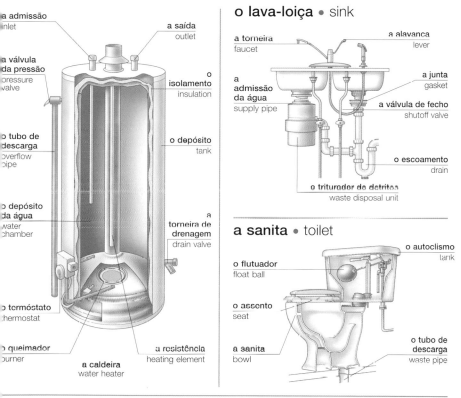

a admissão
inlet

a saída
outlet

a válvula
da pressão
pressure
valve

o
isolamento
insulation

o tubo de
descarga
overflow
pipe

o depósito
tank

o depósito
da água
water
chamber

a
torneira de
drenagem
drain valve

o termóstato
thermostat

o queimador
burner

a resistência
heating element

a caldeira
water heater

o lava-loiça • sink

a torneira
faucet

a alavanca
lever

a
admissão
da água
supply pipe

a junta
gasket

a válvula de fecho
shutoff valve

o escoamento
drain

o triturador de detritos
waste disposal unit

a sanita • toilet

o autoclismo
tank

o flutuador
float ball

o assento
seat

a sanita
bowl

o tubo de
descarga
waste pipe

a eliminação de resíduos • waste disposal

a garrafa
bottle

a tampa
lid

o pedal
pedal

o caixote de
reciclagem
recycling bin

o caixote do lixo
trash can

a unidade de separação
de resíduos
sorting unit

os resíduos orgânicos
organic waste

a sala de estar • living room

o aplique
wall light

a lareira
fireplace

o teto
ceiling

a jarra
vase

a almofada
pillow

o candeeiro
lamp

a mesa
de centro
coffee table

o sofá
sofa

o soalho
floor

o cortinado
curtain

a cortina
sheer curtain

a moldura
frame

o estore laminado
Venetian blind

o estore de rolo
roller shade

o quadro
painting

o friso
molding

a poltrona
armchair

a estante
bookshelf

o sofá-cama
sofa bed

o tapete
rug

o escritório | study

a sala de jantar • dining room

a pimenta
pepper

o sal
salt

a mesa
table

a louça
crockery

os
talheres
cutlery

a cadeira
chair

as costas
back

o assento
seat

a perna
leg

vocabulário • vocabulary

pôr a mesa (v) set the table (v)	faminto hungry	o almoço lunch	cheio full	o anfitrião host	Posso repetir, por favor? Can I have some more, please?
servir (v) serve (v)	a toalha de mesa tablecloth	o jantar dinner	a dose portion	a anfitriã hostess	Estou satisfeito, obrigado. I've had enough, thank you.
comer (v) eat (v)	o pequeno- almoço breakfast	o individual placemat	a refeição meal	o convidado guest	Estava delicioso. That was delicious.

a louça e os talheres • crockery and cutlery

a caneca
mug

a chávena de
café
coffee cup

a colher de chá
teaspoon

a chávena de chá
teacup

o prato
plate

a taça
bowl

a cafeteira
French press

o bule
teapot

o jarro
pitcher

o oveiro
eggcup

o copo de vinho
wine glass

o copo
de água
tumbler

os copos
glassware

a argola do
guardanapo
napkin ring

o prato
de pão
side plate

o prato raso
dinner plate

o prato de sopa
soup bowl

a colher de sopa
soup spoon

o guardanapo
napkin

o garfo
fork

o lugar à mesa
place setting

a colher
spoon

a faca
knife

a cozinha • kitchen

o exaustor
ventilation hood

as prateleiras
shelves

o resguardo
anti-salpicos
backsplash

a placa
vitrocerâmica
ceramic
stovetop

a torneira
faucet

a bancada
countertop

o lava-loiça
sink

o forno
oven

a gaveta
drawer

o armário
cabinet

os eletrodomésticos • appliances

o microondas
microwave oven

a taça
misturadora
mixing bowl

a tampa
lid

a lâmina
blade

a chaleira
electric kettle

a torradeira
toaster

o robot de cozinha
food processor

o liquidificador
blender

a máquina de lavar
loiça
dishwasher

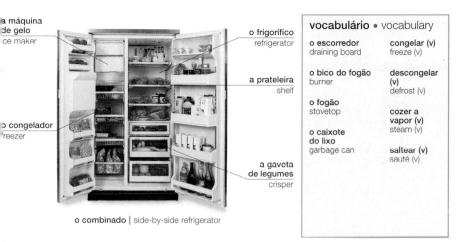

a máquina de gelo
ce maker

o congelador
reeze

o combinado | side-by-side refrigerator

o frigorífico
refrigerator

a prateleira
shelf

a gaveta de legumes
crisper

vocabulário • vocabulary

o escorredor draining board	congelar (v) freeze (v)
o bico do fogão burner	descongelar (v) defrost (v)
o fogão stovetop	cozer a vapor (v) steam (v)
o caixote do lixo garbage can	saltear (v) sauté (v)

cozinhar • cooking

descascar (v)
peel (v)

cortar (v)
slice (v)

ralar (v)
grate (v)

deitar (v)
pour (v)

misturar (v)
mix (v)

bater (v)
whisk (v)

ferver (v)
boil (v)

fritar (v)
fry (v)

estender a massa
roll (v)

mexer (v)
stir (v)

cozer em lume brando (v)
simmer (v)

escalfar (v)
poach (v)

cozer no forno (v)
bake (v)

assar (v)
roast (v)

grelhar (v)
broil (v)

os utensílios de cozinha • kitchenware

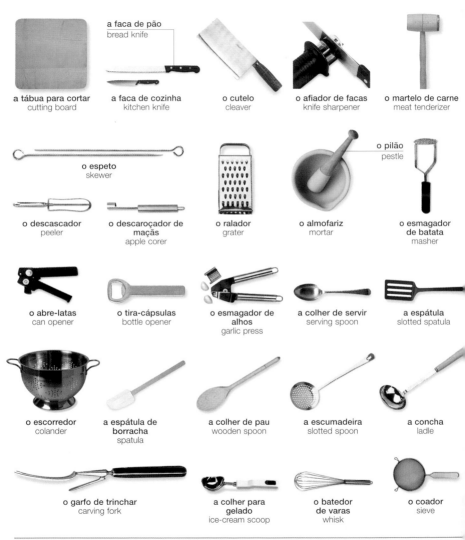

a tábua para cortar
cutting board

a faca de pão
bread knife

a faca de cozinha
kitchen knife

o cutelo
cleaver

o afiador de facas
knife sharpener

o martelo de carne
meat tenderizer

o espeto
skewer

o pilão
pestle

o descascador
peeler

o descaroçador de maçãs
apple corer

o ralador
grater

o almofariz
mortar

o esmagador de batata
masher

o abre-latas
can opener

o tira-cápsulas
bottle opener

o esmagador de alhos
garlic press

a colher de servir
serving spoon

a espátula
slotted spatula

o escorredor
colander

a espátula de borracha
spatula

a colher de pau
wooden spoon

a escumadeira
slotted spoon

a concha
ladle

o garfo de trinchar
carving fork

a colher para gelado
ice-cream scoop

o batedor de varas
whisk

o coador
sieve

o testo
lid

antiaderente
nonstick

a frigideira
frying pan

o tacho
saucepan

o grelhador
grill pan

o wok
wok

o tacho de barro
earthenware dish

de vidro
glass

resistente
ao forno
ovenproof

a tigela
mixing bowl

a taça para soufflé
soufflé dish

a travessa para gratinar
gratin dish

o ramequim
ramekin

a caçarola
casserole dish

a pastelaria • baking cakes

a balança
scale

o jarro graduado
measuring cup

a forma de bolo
cake pan

a forma redonda
pie pan

a tarteira
quiche pan

o pincel para massa
pastry brush

 o rolo da massa | rolling pin

o saco de pasteleiro
piping bag

o tabuleiro para
queques
muffin pan

o tabuleiro de
forno
cookie sheet

a grelha
cooling rack

a luva de forno
oven mitt

o avental
apron

o quarto • bedroom

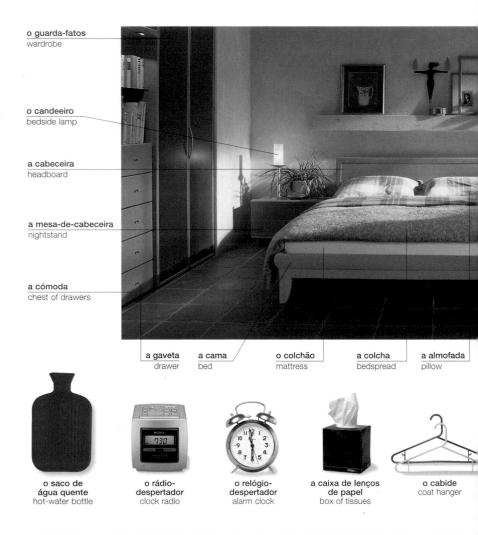

o guarda-fatos
wardrobe

o candeeiro
bedside lamp

a cabeceira
headboard

a mesa-de-cabeceira
nightstand

a cómoda
chest of drawers

| a gaveta | a cama | o colchão | a colcha | a almofada |
| drawer | bed | mattress | bedspread | pillow |

o saco de
água quente
hot-water bottle

o rádio-
despertador
clock radio

o relógio-
despertador
alarm clock

a caixa de lenços
de papel
box of tissues

o cabide
coat hanger

português • english

a roupa de cama • bed linen

o espelho
mirror

o toucador
dressing table

o chão
floor

a fronha
pillowcase

o lençol
sheet

o rodapé da cama
dust ruffle

o edredão
comforter

a coberta acolchoada
quilt

o cobertor
blanket

vocabulário • vocabulary

a cama de solteiro twin bed	**os pés** **da cama** footboard	**a insónia** insomnia	**acordar (v)** wake up (v)	**ligar o** **despertador (v)** set the alarm (v)
a cama de casal full bed	**as molas** **do colchão** bedspring	**deitar-se (v)** go to bed (v)	**levantar-se (v)** get up (v)	**ressonar (v)** snore (v)
o cobertor eléctrico electric blanket	**a alcatifa** carpet	**ir dormir (v)** go to sleep (v)	**fazer a cama (v)** make the bed (v)	**o roupeiro** **embutido** closet

a casa de banho • bathroom

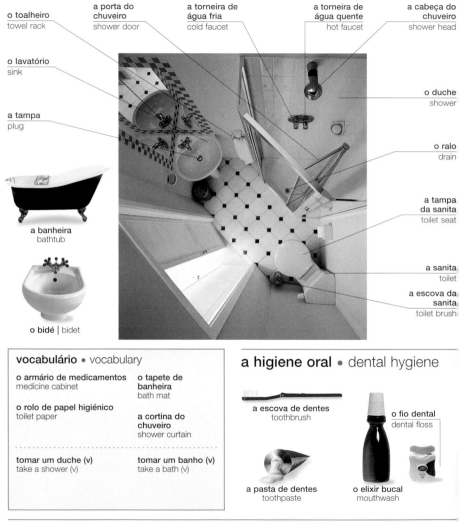

o toalheiro
towel rack

a porta do chuveiro
shower door

a torneira de água fria
cold faucet

a torneira de água quente
hot faucet

a cabeça do chuveiro
shower head

o lavatório
sink

a tampa
plug

o duche
shower

o ralo
drain

a tampa da sanita
toilet seat

a banheira
bathtub

o bidé | bidet

a sanita
toilet

a escova da sanita
toilet brush

vocabulário • vocabulary

o armário de medicamentos
medicine cabinet

o tapete de banheira
bath mat

o rolo de papel higiénico
toilet paper

a cortina do chuveiro
shower curtain

tomar um duche (v)
take a shower (v)

tomar um banho (v)
take a bath (v)

a higiene oral • dental hygiene

a escova de dentes
toothbrush

o fio dental
dental floss

a pasta de dentes
toothpaste

o elixir bucal
mouthwash

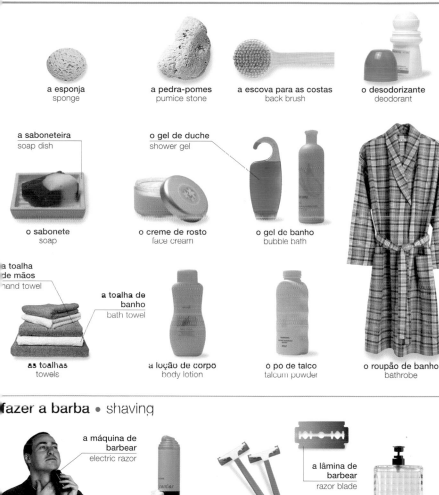

a esponja
sponge

a pedra-pomes
pumice stone

a escova para as costas
back brush

o desodorizante
deodorant

a saboneteira
soap dish

o gel de duche
shower gel

o sabonete
soap

o creme de rosto
face cream

o gel de banho
bubble bath

a toalha
de mãos
hand towel

**a toalha de
banho**
bath towel

as toalhas
towels

a loção de corpo
body lotion

o pó de talco
talcum powder

o roupão de banho
bathrobe

fazer a barba • shaving

**a máquina de
barbear**
electric razor

a espuma de barbear
shaving foam

a lâmina descartável
disposable razor

**a lâmina de
barbear**
razor blade

o aftershave
aftershave

o quarto das crianças • nursery

o cuidado do bebé • baby care

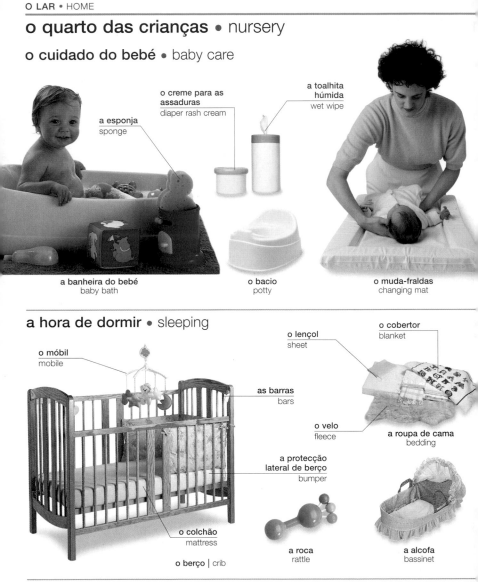

a esponja
sponge

o creme para as assaduras
diaper rash cream

a toalhita húmida
wet wipe

a banheira do bebé
baby bath

o bacio
potty

o muda-fraldas
changing mat

a hora de dormir • sleeping

o móbil
mobile

o lençol
sheet

o cobertor
blanket

as barras
bars

o velo
fleece

a roupa de cama
bedding

a protecção lateral de berço
bumper

o colchão
mattress

o berço | crib

a roca
rattle

a alcofa
bassinet

brincar • playing

a boneca
doll

o peluche
stuffed toy

a casa de bonecas
dollhouse

a casa de brincar
playhouse

o ursinho de peluche
teddy bear

o brinquedo
toy

a bola
ball

cesto dos brinquedos
toy basket

o parque
playpen

a segurança • safety

o fecho de segurança
child lock

o intercomunicador
baby monitor

a grade de segurança
stair gate

a comida • eating

a cadeira da papa
high chair

a tetina
nipple

a caneca
drinking cup

o biberão
bottle

o passeio • going out

a cadeira de passeio
stroller

o carrinho
baby carriage

a capota
hood

o porta-bebé
carrier

o saco de muda
diaper bag

a fralda
diaper

o marsúpio
baby sling

a lavandaria • utility room

o tratamento da roupa • laundry

a roupa limpa
clean clothes

a roupa suja
dirty laundry

o cesto da roupa suja
laundry basket

a máquina de lavar
roupa
washing machine

a máquina de lavar
e secar roupa
washer-dryer

a máquina de
secar roupa
tumble dryer

a corda para
estender a roupa
clothesline

o ferro de engomar
iron

a mola da roupa
clothespin

secar (v)
dry (v)

a tábua de passar | ironing board

---

vocabulário • vocabulary

pôr a roupa na máquina (v) load (v)	centrifugar (v) spin (v)	passar a ferro (v) iron (v)	Como funciona a máquina de lavar? How do I operate the washing machine?
enxaguar (v) rinse (v)	a centrifugadora spin dryer	o amaciador de roupa fabric softener	Qual é o programa para a roupa de cor/branca? What is the setting for colors/whites?

---

o equipamento de limpeza • cleaning equipment

o tubo do aspirador
suction hose

a escova
brush

o apanhador
dustpan

a lixívia
bleach

o balde
bucket

o pó
powder

o líquido
liquid

o pano do pó
dust cloth

o aspirador
vacuum cleaner

a esfregona
mop

o detergente
detergent

a cera
polish

as ações • activities

limpar (v)
clean (v)

lavar (v)
wash (v)

passar um pano (v)
wipe (v)

esfregar (v)
scrub (v)

raspar (v)
scrape (v)

a vassoura
broom

varrer (v)
sweep (v)

limpar o pó (v)
dust (v)

dar brilho (v)
polish (v)

a oficina • workshop

o mandril
chuck

a broca
drill bit

a serra de vaivém
jigsaw

a bateria
battery pack

o berbequim recarregável
cordless drill

o berbequim eléctrico
electric drill

a pistola de cola
glue gun

a prensa
clamp

a lâmina
blade

o torno de bancada
vise

a lixadeira
sander

a serra circular
circular saw

a bancada de trabalho
workbench

a cola para madeira
wood glue

o organizador de ferramentas
tool rack

a tupia
router

o berbequim manual
bit brace

as aparas de madeira
wood shavings

a extensão elétrica
extension cord

as técnicas • techniques

cortar (v)
cut (v)

serrar (v)
saw (v)

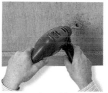

furar (v)
drill (v)

martelar (v)
hammer (v)

aplainar (v) | plane (v)

tornear (v) | turn (v)

talhar (v) | carve (v)

a solda
solder

soldar (v) | solder (v)

os materiais • materials

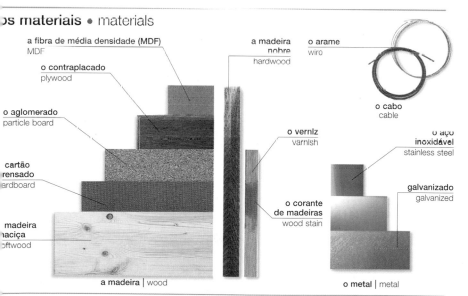

a fibra de média densidade (MDF)
MDF

o contraplacado
plywood

o aglomerado
particle board

cartão
prensado
ardboard

madeira
maciça
softwood

a madeira | wood

a madeira
nobre
hardwood

o vernlz
varnish

o corante
de madeiras
wood stain

o arame
wiro

o cabo
cable

o aço
inoxidável
stainless steel

galvanizado
galvanized

o metal | metal

a caixa das ferramentas • toolbox

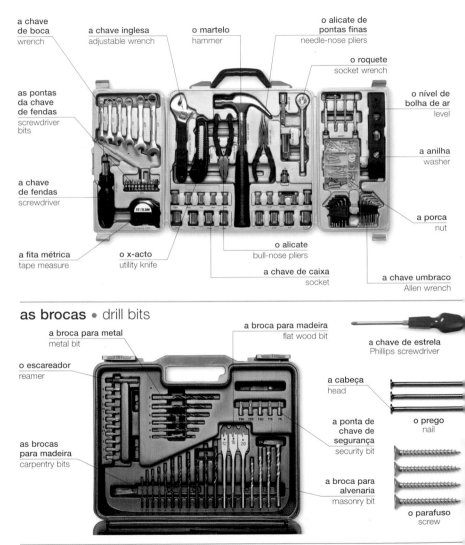

a chave
de boca
wrench

a chave inglesa
adjustable wrench

o martelo
hammer

o alicate de
pontas finas
needle-nose pliers

o roquete
socket wrench

as pontas
da chave
de fendas
screwdriver
bits

o nível de
bolha de ar
level

a anilha
washer

a chave
de fendas
screwdriver

a porca
nut

a fita métrica
tape measure

o x-acto
utility knife

o alicate
bull-nose pliers

a chave de caixa
socket

a chave umbraco
Allen wrench

as brocas • drill bits

a broca para metal
metal bit

a broca para madeira
flat wood bit

a chave de estrela
Phillips screwdriver

o escareador
reamer

a cabeça
head

a ponta de
chave de
segurança
security bit

o prego
nail

as brocas
para madeira
carpentry bits

a broca para
alvenaria
masonry bit

o parafuso
screw

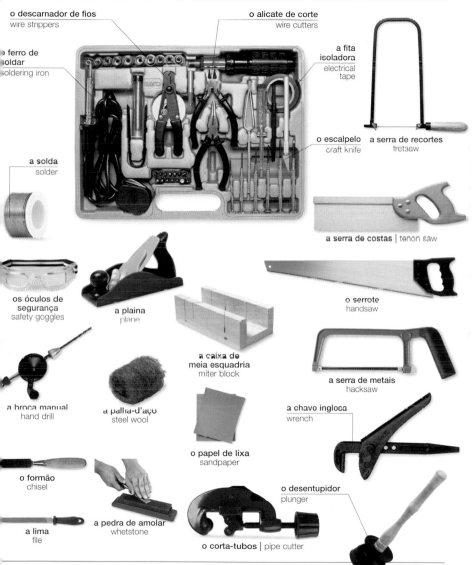

o descarnador de fios
wire strippers

o alicate de corte
wire cutters

o ferro de soldar
soldering iron

a fita isoladora
electrical tape

a solda
solder

o escalpelo
craft knife

a serra de recortes
fretsaw

a serra de costas | tenon saw

os óculos de segurança
safety goggles

a plaina
plane

a caixa de meia esquadria
miter block

o serrote
handsaw

a broca manual
hand drill

a palha-d'aço
steel wool

a serra de metais
hacksaw

a chave inglesa
wrench

o formão
chisel

o papel de lixa
sandpaper

o desentupidor
plunger

a lima
file

a pedra de amolar
whetstone

o corta-tubos | pipe cutter

a decoração • decorating

a tesoura
scissors

o x-acto
utility knife

o fio de prumo
plumb line

o raspador
scraper

o pintor
decorator

o papel de parede
wallpaper

o escadote
stepladder

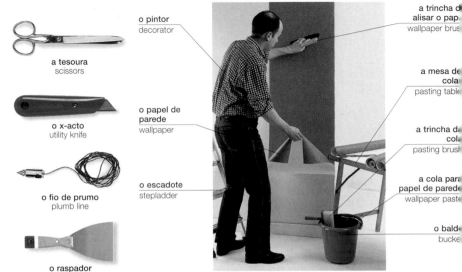

a trincha d
alisar o pap
wallpaper brus

a mesa de
cola
pasting table

a trincha da
cola
pasting brush

a cola para
papel de parede
wallpaper paste

o balde
bucket

forrar com papel de parede (v) | wallpaper (v)

arrancar (v) | strip (v)

betumar (v) | fill (v)

lixar (v) | sand (v)

estucar (v) | plaster (v)

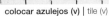

colocar o papel (v) | hang (v)

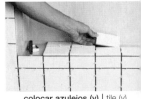

colocar azulejos (v) | tile (v)

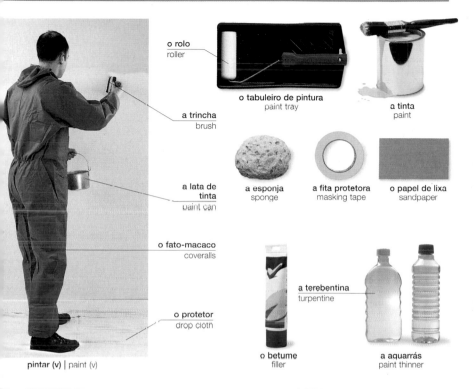

o rolo
roller

o tabuleiro de pintura
paint tray

a tinta
paint

a trincha
brush

a lata de tinta
paint can

a esponja
sponge

a fita protetora
masking tape

o papel de lixa
sandpaper

o fato-macaco
coveralls

a terebentina
turpentine

o protetor
drop cloth

pintar (v) | paint (v)

o betume
filler

a aquarrás
paint thinner

vocabulário • vocabulary

o estuque plaster	com brilho gloss	o papel com relevo embossed paper	a primeira demão undercoat	o vedante sealant
o verniz varnish	mate matte	o papel de base lining paper	a última demão topcoat	o dissolvente solvent
a tinta de água latex paint	o stencil stencil	o primário primer	o conservante preservative	a mistura para juntas grout

o jardim • garden

os estilos de jardim • garden styles

o jardim de terraço
roof garden

o cesto suspenso
hanging basket

o pátio ajardinado | patio garden

o jardim de pedras
rock garden

a treliça | trellis

o jardim clássico | formal garden

o pátio | courtyard

o jardim campestre
cottage garden

**o jardim de plantas
herbáceas**
herb garden

o jardim aquático
water garden

a pérgula
arbor

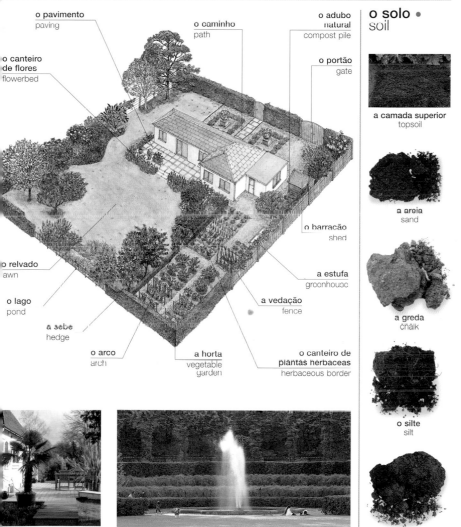

o pavimento
paving

o caminho
path

o adubo
natural
compost pile

o canteiro
de flores
flowerbed

o portão
gate

o barracão
shed

o relvado
lawn

a estufa
greenhouse

o lago
pond

a vedação
fence

a sebe
hedge

o arco
arch

a horta
vegetable
garden

o canteiro de
plantas herbáceas
herbaceous border

o solo •
soil

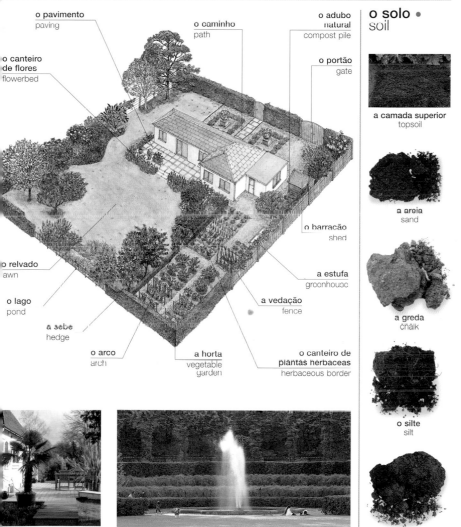

a camada superior
topsoil

a areia
sand

a greda
chalk

o silte
silt

a argila
clay

o deck de madeira
deck

a fonte | fountain

as plantas de jardim • garden plants

os tipos de plantas • types of plants

anual
annual

bienal
biennial

perene
perennial

o bolbo
bulb

o feto
fern

o junco
cattail

o bambu
bamboo

as ervas daninhas
weeds

a erva aromática
herb

a planta aquática
water plant

a árvore
tree

a palmeira
palm

a conífera
conifer

de folha perene
evergreen

de folha caduca
deciduous

a topiária
topiary

a planta alpina
alpine

a planta suculenta
succulent

o cato
cactus

a planta de vaso
potted plant

a planta de sombra
shade plant

a trepadeira
climber

o arbusto
de flor
flowering shrub

a vegetação
de cobertura
ground cover

a planta rasteira
creeper

ornamental
ornamental

a relva
grass

as ferramentas de jardim • garden tools

a vassoura
para relva
lawn rake

o adubo
compost

as sementes
seeds

a farinha de ossos
bone meal

a pá
shovel

a forquilha
fork

o corta-ramos
long-handled shears

o ancinho
rake

o sacho
hoe

a gravilha
gravel

o saco para a relva
grass bag

a pega
handle

o motor
motor

a cesta de jardineiro
gardening basket

o protector
shield

o suporte
stand

a roçadora
trimmer

a máquina de cortar
relva
lawnmower

o carrinho de mão
wheelbarrow

a forquilha
hand fork

a tesoura de podar
pruners

as luvas de jardinagem
gardening gloves

a colher de
transplante
trowel

a guita
twine

as etiquetas
labels

a lâmina
blade

o tabuleiro de
germinação
seed tray

os atilhos
de arame
twist ties

a tesoura de jardim
shears

as anilhas
ring ties

as canas
canes

a peneira
sieve

a serra manual
handsaw

o pesticida
pesticide

o vaso
plant pot

as botas de borracha
rubber boots

a rega • watering

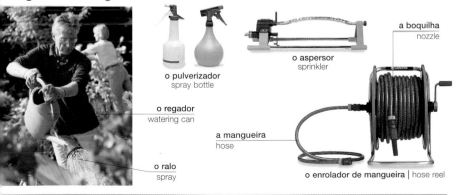

o pulverizador
spray bottle

o aspersor
sprinkler

a boquilha
nozzle

o regador
watering can

a mangueira
hose

o ralo
spray

o enrolador de mangueira | hose reel

a jardinagem • gardening

o relvado
lawn

a sebe
hedge

o canteiro
flowerbed

a máquina
de cortar
relva
lawnmower

a estaca
stake

cortar a relva (v) | mow (v)

cobrir de relva (v)
sod (v)

picar (v)
spike (v)

varrer (v)
rake (v)

podar (v)
trim (v)

cavar (v)
dig (v)

semear (v)
sow (v)

adubar à superfície (v)
top-dress (v)

regar (v)
water (v)

a cana
cane

guiar (v)
train (v)

tirar as flores mortas (v)
deadhead (v)

pulverizar (v)
spray (v)

enxertar (v)
graft (v)

o enxerto
cutting

propagar (v)
propagate (v)

podar (v)
prune (v)

estacar (v)
stake (v)

transplantar (v)
transplant (v)

mondar (v)
weed (v)

cobrir a terra (v)
mulch (v)

colher (v)
harvest (v)

vocabulário • vocabulary

cultivar (v) cultivate (v)	**desenhar (v)** landscape (v)	**fertilizar (v)** fertilize (v)	**peneirar (v)** sift (v)	**biológico** organic	**a sementeira** seedling	**o subsolo** subsoil
cuidar (v) tend (v)	**envasar (v)** pot (v)	**apanhar (v)** pick (v)	**arejar (v)** aerate (v)	**a drenagem** drainage	**o fertilizante** fertilizer	**o herbicida** weedkiller

os serviços
services

os serviços de urgência • emergency services

a ambulância • ambulance

a ambulância | ambulance

a maca
stretcher

o paramédico | paramedic

a polícia • police

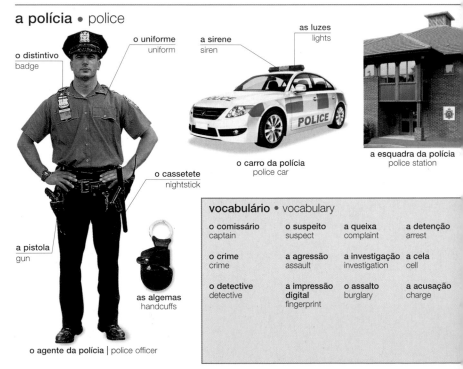

o distintivo
badge

o uniforme
uniform

a sirene
siren

as luzes
lights

o carro da polícia
police car

a esquadra da polícia
police station

o cassetete
nightstick

a pistola
gun

as algemas
handcuffs

o agente da polícia | police officer

vocabulário • vocabulary

o comissário captain	o suspeito suspect	a queixa complaint	a detenção arrest
o crime crime	a agressão assault	a investigação investigation	a cela cell
o detective detective	a impressão digital fingerprint	o assalto burglary	a acusação charge

os bombeiros • fire department

o capacete
helmet

o fumo
smoke

a mangueira
hose

os bombeiros
firefighters

o cesto
basket

o jacto de água
water jet

a cabina
cab

o braço
extensível
boom

a escada
ladder

o incêndio | fire

o quartel dos bombeiros
fire station

a saída de emergência
fire escape

o carro de bombeiros
fire engine

o detetor de fumo
smoke alarm

o alarme
de incêndio
fire alarm

o machado
ax

o extintor
de incêndio
fire extinguisher

a boca de incêndio
hydrant

Preciso da polícia/dos bombeiros/de uma ambulância. I need the police/fire department/ambulance.	Há um incêndio em… There's a fire at …	Houve um acidente. There's been an accident.	Chame a polícia! Call the police!

o banco • bank

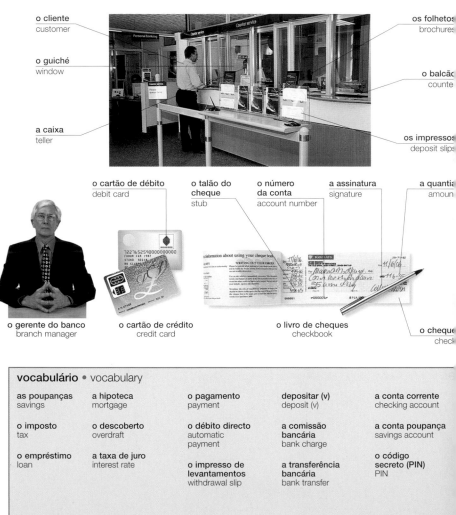

o cliente
customer

o guiché
window

a caixa
teller

os folhetos
brochures

o balcão
counter

os impressos
deposit slips

o cartão de débito
debit card

o talão do
cheque
stub

o número
da conta
account number

a assinatura
signature

a quantia
amount

o gerente do banco
branch manager

o cartão de crédito
credit card

o livro de cheques
checkbook

o cheque
check

vocabulário • vocabulary

as poupanças savings	a hipoteca mortgage	o pagamento payment	depositar (v) deposit (v)	a conta corrente checking account
o imposto tax	o descoberto overdraft	o débito directo automatic payment	a comissão bancária bank charge	a conta poupança savings account
o empréstimo loan	a taxa de juro interest rate	o impresso de levantamentos withdrawal slip	a transferência bancária bank transfer	o código secreto (PIN) PIN

a moeda
coin

a nota
bill

o dinheiro
money

o ecrã
screen

o teclado
keypad

a ranhura
para inserir
cartão
card reader

o caixa automático
ATM

a moeda estrangeira • foreign currency

a casa de câmbios
currency exchange

o cheque de viagem
traveler's check

a taxa de câmbio
exchange rate

vocabulário • vocabulary

levantar (v) cash (v)	as ações shares
o valor nominal denomination	os dividendos dividends
a comissão commission	o contabilista accountant
o investimento investment	a carteira portfolio
as acções stocks	o capital próprio equity

Posso cambiar isto, por favor?
Can I change this, please?

Qual é a taxa de câmbio de hoje?
What's today's exchange rate?

as finanças • finance

a assessora financeira
financial advisor

a cotação
das ações
share price

o corretor
da bolsa
stockbroker

a bolsa de valores
stock exchange

as comunicações • communications

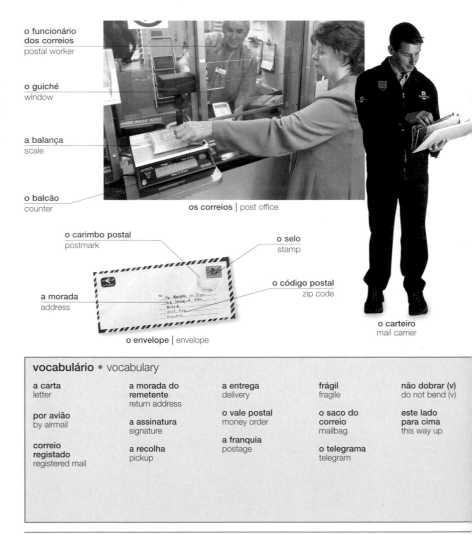

o funcionário
dos correios
postal worker

o guiché
window

a balança
scale

o balcão
counter

os correios | post office

o carimbo postal
postmark

o selo
stamp

o código postal
zip code

a morada
address

o carteiro
mail carrier

o envelope | envelope

vocabulário • vocabulary

a carta letter	a morada do remetente return address	a entrega delivery	frágil fragile	não dobrar (v) do not bend (v)
por avião by airmail	a assinatura signature	o vale postal money order	o saco do correio mailbag	este lado para cima this way up
correio registado registered mail	a recolha pickup	a franquia postage	o telegrama telegram	

o marco de correio
mailbox

a caixa de correio
letter slot

a encomenda
package

o mensageiro
courier

o telefone • telephone

o auscultador
handset

o gravador
de chamadas
answering machine

a base
base station

o telefone sem fios
cordless phone

o smartphone
smartphone

o telemóvel
cell phone

o teclado
keypad

o telefone público
payphone

a cabina telefónica
phone booth

o auricular
receiver

a devolução de
moedas
coin return

vocabulário • vocabulary

o serviço de
informações
directory assistance

a chamada a pagar
no destino
collect call

marcar (v)
dial (v)

atender (v)
answer (v)

a mensagem
de texto
text (SMS)

a mensagem de voz
voice message

o operador
operator

ocupado
busy

desligado
disconnected

a aplicação
app

a senha
passcode

Poderia dar-me o número de...?
Can you give me the number for ...?

Qual é o indicativo de...?
What is the area code for ...?

Envia-me uma mensagem!
Text me!

o hotel • hotel
o lobby • lobby

as mensagens
messages

o hóspede
guest

a chave do quarto
room key

o cacifo
pigeonhole

a recepcionista
receptionist

o livro de
registo
register

o balcão
counter

a receção | reception

a bagagem
luggage

o carrinho
cart

o porteiro | porter

o elevador | elevator

o número do quarto
room number

os quartos • rooms

o quarto individual
single room

o quarto de casal
double room

o quarto duplo
twin room

a casa de
banho privativa
private bathroom

os serviços • services

o serviço de limpeza
maid service

o serviço de lavandaria
laundry service

a bandeja do pequeno-almoço
breakfast tray

o serviço de quarto | room service

o minibar
minibar

o restaurante
restaurant

o ginásio
gym

a piscina
swimming pool

vocabulário • vocabulary

o alojamento com
pequeno-almoço
bed and breakfast

a pensão-completa
all meals included

a meia-pensão
some meals included

Tem quartos livres?
Do you have any vacancies?

Tenho uma reserva.
I have a reservation.

Queria um quarto individual.
I'd like a single room.

Queria um quarto para três noites.
I'd like a room for three nights.

Quanto é a diária?
What is the charge per night?

**A que horas tenho que
sair do quarto?**
When do I have to check out?

as compras
shopping

o centro comercial • shopping center

o átrio
atrium

o segundo andar
third floor

o sinal
sign

o primeiro andar
second floor

as escadas rolantes
escalator

o elevador
elevator

o rés-do-chão
ground floor

o cliente
customer

vocabulário • vocabulary

a secção de criança children's department	**a planta do centro** store directory	**os provadores** fitting rooms	**Quanto custa isto?** How much is this?
a secção de bagagens luggage department	**o empregado** salesclerk	**o fraldário** baby changing room	**Posso trocar isto?** May I exchange this?
a secção de sapataria shoe department	**o atendimento ao cliente** customer services	**as casas de banho** restroom	

os grandes armazéns • department store

a roupa de homem
menswear

a roupa de senhora
womenswear

a lingerie
lingerie

a perfumaria
perfumes

os produtos de beleza
cosmetics

os têxteis para o lar
linens

o mobiliário e decoração
home furnishings

a retrosaria
notions

o equipamento de cozinha
kitchenware

a loiça
china

os eletrodomésticos
electronics

a iluminação
lighting

os artigos desportivos
sportswear

os brinquedos
toys

a papelaria
stationery

o supermercado
groceries

o **supermercado** • supermarket

o corredor
aisle

a prateleira
shelf

o tapete rolante
conveyor belt

o caixa
checker

as promoções
specials

a caixa | checkout

o cliente
customer

a caixa
registadora
cash register

o saco
de compras
shopping bag

as compras
groceries

a pega
handle

o carrinho | grocery cart

o cesto | basket

o código de barras
bar code

o leitor ótico | scanner

a padaria
bakery

os laticínios
dairy

os cereais
breakfast cereals

as conservas
canned food

a confeitaria
candy

os legumes
vegetables

a fruta
fruit

a carne e as aves
meat and poultry

o peixe
fish

a charcutaria
deli

os congelados
frozen food

**a comida
pré-cozinhada**
prepared food

as bebidas
drinks

**os produtos
de limpeza**
household products

**os artigos de
higiene pessoal**
toiletries

**os artigos
para bebé**
baby products

**os
eletrodomésticos**
electrical goods

**a comida
para animais**
pet food

as revistas | magazines

a farmácia • drugstore

a higiene
oral
dental care

a higiene
feminina
feminine
hygiene

os desodorizantes
deodorants

as vitaminas
vitamins

a zona de
farmácia
pharmacy

o farmacêutico
pharmacist

o xarope para a tosse
cough medicine

os medicamentos
fitoterápicos
herbal remedies

os cuidados da pele
skin care

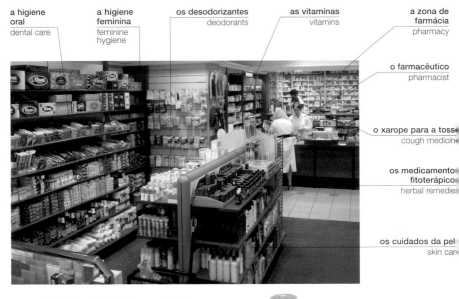

o protetor solar
sunscreen

o creme
pós-solar
aftersun
lotion

o creme de
proteção total
sunblock

o repelente
de insetos
insect repellent

a toalhita húmida
wet wipe

o lenço de papel
tissue

o penso higiénico
sanitary napkin

o tampão
tampon

o pensinho diário
panty liner

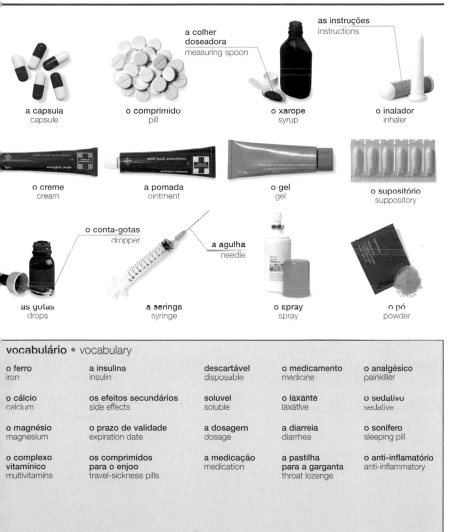

a capsula
capsule

o comprimido
pill

a colher doseadora
measuring spoon

o xarope
syrup

as instruções
instructions

o inalador
inhaler

o creme
cream

a pomada
ointment

o gel
gel

o supositório
suppository

o conta-gotas
dropper

as gotas
drops

a seringa
syringe

a agulha
needle

o spray
spray

o pó
powder

vocabulário • vocabulary

o ferro iron	**a insulina** insulin	**descartável** disposable	**o medicamento** medicine	**o analgésico** painkiller
o cálcio calcium	**os efeitos secundários** side effects	**solúvel** soluble	**o laxante** laxative	**o sedativo** sedative
o magnésio magnesium	**o prazo de validade** expiration date	**a dosagem** dosage	**a diarreia** diarrhea	**o sonífero** sleeping pill
o complexo vitamínico multivitamins	**os comprimidos para o enjoo** travel-sickness pills	**a medicação** medication	**a pastilha para a garganta** throat lozenge	**o anti-inflamatório** anti-inflammatory

a florista • florist

as flores
flowers

o lírio
lily

a acácia
acacia

o cravo
carnation

a planta de vaso
potted plant

o gladíolo
gladiolus

a íris
iris

a margarida
daisy

o crisântemo
chrysanthemum

a gipsófila
gypsophila

o goivo
stocks

a gerbera
gerbera

a folhagem
foliage

a rosa
rose

a frésia
freesia

a jarra
vase

a orquídea
orchid

a peónia
peony

os arranjos • arrangements

a fita
ribbon

o bouquet
bouquet

as flores secas
dried flowers

o ramo
bunch

o pé
stem

o narciso
daffodil

o pot-pourri | potpourri

a coroa | wreath

a grinalda
garland

o botão
bud

o embrulho
wrapping

a tulipa | tulip

Posso juntar uma
mensagem?
Can I attach a message?

São perfumadas?
Are they fragrant?

Pode fazer um arranjo?
Can I have them wrapped?

Quanto tempo durarão
estas?
How long will these last?

Pode enviá-las para...?
Can you send them to …?

Podia dar-me um ramo de...,
por favor?
Can I have a bunch of …
please?

a tabacaria • newsstand

os cigarros
cigarettes

o maço de cigarros
pack of cigarettes

os selos
stamps

o postal
postcard

**a revista de
banda desenhada**
comic book

a revista
magazine

o jornal
newspaper

fumar • smoking

a boquilha
stem

o fornilho
bowl

o tabaco
tobacco

o isqueiro
lighter

o cachimbo
pipe

o charuto
cigar

a doçaria • candy store

a caixas de bombons
box of chocolates

a barrita de snack
snack bar

o pacote de batatas fritas
potato chips

a loja de doces | candy store

vocabulário • vocabulary

o chocolate de leite
milk chocolate

o caramelo
caramel

o chocolate preto
dark chocolate

a trufa
truffle

o chocolate branco
white chocolate

a bolacha
cookie

os doces a granel
pick and mix

---

os doces • confectionery

bombom de chocolate
chocolate

a tablete de chocolate
chocolate bar

os rebuçados
hard candy

o chupa-chupa
lollipop

o caramelo | toffee

o torrão | nougat

o marshmallow
marshmallow

o rebuçado de menta
mint

a pastilha elástica
chewing gum

o rebuçado com recheio
jellybean

as gomas de fruta
gumdrop

o alcaçuz
licorice

as outras lojas • other stores

a padaria
bakery

a confeitaria
pastry shop

o talho
butcher shop

a peixaria
fish counter

a frutaria
produce stand

a mercearia
grocery store

a sapataria
shoe store

a drogaria
hardware store

o antiquário
antique store

a loja de presentes
gift shop

a agência de viagens
travel agency

a joalharia
jewelry store

a livraria
bookstore

a loja de discos
record store

a garrafeira
liquor store

**a loja de animais
de estimação**
pet store

a loja de mobílias
furniture store

a boutique
boutique

vocabulário • vocabulary

a agência imobiliária
real estate office

o horto
garden center

a lavandaria
dry cleaner

**a lavandaria
automática**
laundromat

**a loja de artigos
fotográficos**
camera store

**a loja de
produtos naturais**
health food store

a loja de materiais de arte
art supply store

a loja de artigos usados
secondhand store

o alfaiate
tailor shop

o cabeleireiro
salon

o mercado | market

os alimentos
food

a carne • meat

a carne de borrego
lamb

o talhante
butcher

o gancho
meat hook

a balança
scale

o amolador
knife sharpener

o bacon
bacon

as salsichas
sausages

o fígado
liver

vocabulário • vocabulary

a carne de porco pork	a carne de veado venison	os miúdos variety meat	criado ao ar livre free range	a carne vermelha red meat
a carne de vaca beef	o coelho rabbit	curado cured	biológico organic	a carne magra lean meat
a carne de vitela veal	a língua tongue	fumado smoked	a carne branca white meat	as carnes frias cooked meat

os cortes de carne • cuts

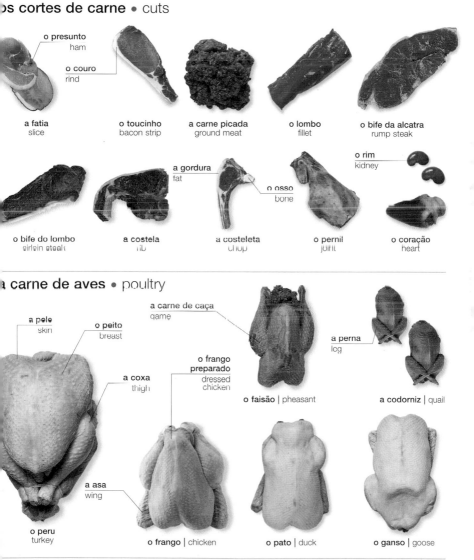

o presunto
ham

o couro
rind

a fatia
slice

o toucinho
bacon strip

a carne picada
ground meat

o lombo
fillet

o bife da alcatra
rump steak

a gordura
fat

o osso
bone

o rim
kidney

o bife do lombo
sirloin steak

a costela
rib

a costeleta
chop

o pernil
joint

o coração
heart

a carne de aves • poultry

a carne de caça
game

a pele
skin

o peito
breast

a perna
leg

o frango
preparado
dressed
chicken

a coxa
thigh

o faisão | pheasant

a codorniz | quail

a asa
wing

o peru
turkey

o frango | chicken

o pato | duck

o ganso | goose

o peixe • fish

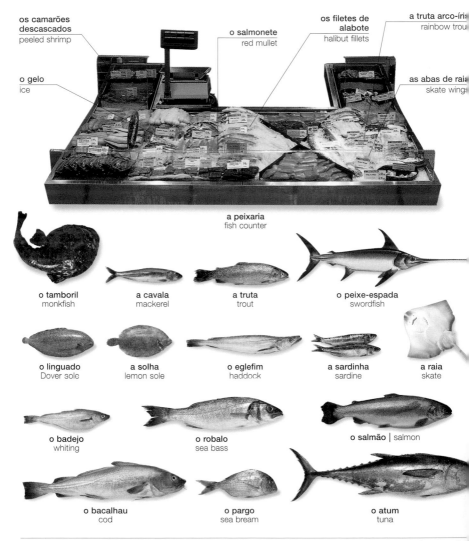

os camarões descascados
peeled shrimp

o gelo
ice

o salmonete
red mullet

os filetes de alabote
halibut fillets

a truta arco-íris
rainbow trout

as abas de raia
skate wings

a peixaria
fish counter

o tamboril
monkfish

a cavala
mackerel

a truta
trout

o peixe-espada
swordfish

o linguado
Dover sole

a solha
lemon sole

o eglefim
haddock

a sardinha
sardine

a raia
skate

o badejo
whiting

o robalo
sea bass

o salmão | salmon

o bacalhau
cod

o pargo
sea bream

o atum
tuna

o marisco • seafood

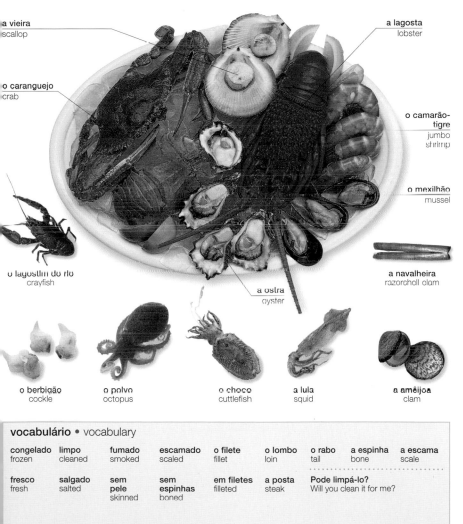

a vieira
scallop

o caranguejo
crab

a lagosta
lobster

o camarão-tigre
jumbo shrimp

o mexilhão
mussel

o lagostim do rio
crayfish

a navalheira
razorshell clam

a ostra
oyster

o berbigão
cockle

o polvo
octopus

o choco
cuttlefish

a lula
squid

a amêijoa
clam

vocabulário • vocabulary

congelado frozen	limpo cleaned	fumado smoked	escamado scaled	o filete fillet	o lombo loin	o rabo tail	a espinha bone	a escama scale
fresco fresh	salgado salted	sem pele skinned	sem espinhas boned	em filetes filleted	a posta steak	Pode limpá-lo? Will you clean it for me?		

os legumes 1 • vegetables 1

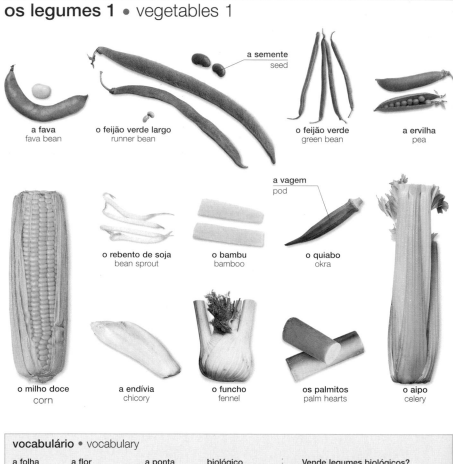

a semente
seed

a fava
fava bean

o feijão verde largo
runner bean

o feijão verde
green bean

a ervilha
pea

a vagem
pod

o rebento de soja
bean sprout

o bambu
bamboo

o quiabo
okra

o milho doce
corn

a endívia
chicory

o funcho
fennel

os palmitos
palm hearts

o aipo
celery

---

vocabulário • vocabulary

a folha leaf	**a flor** floret	**a ponta** tip	**biológico** organic	**Vende legumes biológicos?** Do you sell organic vegetables?
o talo stalk	**o grão** kernel	**o coração** heart	**o saco de plástico** plastic bag	**São produtos locais?** Are these grown locally?

português • english

a rúcula
arugula

o agrião
watercress

a couve roxa
radicchio

a couve-de-bruxelas
Brussels sprout

a acelga
Swiss chard

a couve frisada
kale

a azeda
sorrel

a endívia
endive

o dente-de-leão
dandelion

o espinafre
spinach

a couve-rábano
kohlrabi

a couve chinesa
bok choy

a alface
lettuce

o brócolo
broccoli

a couve
cabbage

a couve-galega
spring greens

os legumes 2 • vegetables 2

o nabo
turnip

a alcachofra
artichoke

o rabanete
radish

a couve-flor
cauliflower

os espargos
asparagus

a batata
potato

**a abóbora
-menina**
squash

a cebola
onion

o pimento
pepper

a malagueta
chili pepper

o milho-doce
sweetcorn

vocabulário • vocabulary

o tomate-cereja cherry tomato	**o aipo-rábano** celeriac	**congelado** frozen	**amargo** bitter	**Pode dar-me um quilo de batatas, por favor?** May I have one kilo of potatoes, please?
a cenoura carrot	**a raiz de taro** taro root	**cru** raw	**firme** firm	**Quanto custa o quilo?** What's the price per kilo?
a fruta-pão breadfruit	**a mandioca** cassava	**picante** hot (spicy)	**a polpa** flesh	**Como se chamam esses?** What are those called?
a batata nova new potato	**a castanha- de-água** water chestnut	**doce** sweet	**a raiz** root	

a batata-doce
sweet potato

o inhame
yam

a beterraba
beet

a couve-nabo
rutabaga

o topinambo
Jerusalem artichoke

o rábano picante
horseradish

a pastinaga
parsnip

o gengibre
ginger

a beringela
eggplant

o tomate
tomato

o cebolinho
scallion

o alho-francês
leek

a chalota
shallot

o alho
garlic

o dente
clove

a trufa
truffle

o cogumelo
mushroom

o pepino
cucumber

a curgete
zucchini

a cabaça
butternut squash

a abóbora-bolota
acorn squash

a abóbora
pumpkin

a fruta 1 • fruit 1

os citrinos • citrus fruit

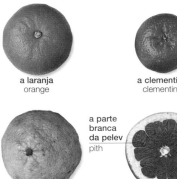

a laranja
orange

a clementina
clementine

o ugli
ugli friut

a parte branca da pelev
pith

a toranja
grapefruit

o gomo
segment

a satsuma
satsuma

a tangerina
tangerine

a casca
zest

a lima
lime

o limão
lemon

o kumquat
kumquat

a fruta com caroço • stone fruit

o pêssego
peach

a nectarina
nectarine

o alperce
apricot

a ameixa
plum

a cereja
cherry

a pêra
pear

a maçã
apple

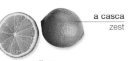

o cesto de fruta | basket of fruit

as bagas e os melões • berries and melons

o morango
strawberry

a framboesa
raspberry

o melão
melon

a uva
grapes

a amora
blackberry

a groselha
red currant

o arando
cranberry

a groselha-preta
black currant

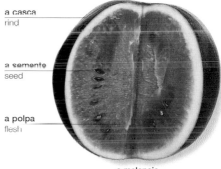

a casca
rind

a semente
seed

a polpa
flesh

o mirtilo
blueberry

a groselha-branca
white currant

a melancia
watermelon

a framboesa silvestre
loganberry

a groselha-espim
gooseberry

vocabulário • vocabulary

o ruibarbo rhubarb	amargo sour	viçoso crisp	o sumo juice	Estão maduros? Are they ripe?
a fibra fiber	fresco fresh	podre rotten	o coração core	Posso provar um? Can I try one?
doce sweet	sumarento juicy	a polpa pulp	sem grainhas seedless	Quanto tempo durarão? How long will they keep?

a fruta 2 • fruit 2

a manga
mango

o ananás
pineapple

o abacate
avocado

a papaia
papaya

o pêssego
peach

a líchia
lychee

a pevide
seed

o kiwi
kiwifruit

o fisialis
Cape gooseberry

a casca
peel

o marmelo
quince

o maracujá
passion fruit

a banana
banana

a goiaba
guava

a romã
pomegranate

o dióspiro
persimmon

a feijoa
feijoa

o figo da Índia
prickly pear

a carambola
star fruit

o tamarilho
tamarillo

as oleaginosas e os frutos secos • nuts and dried fruit

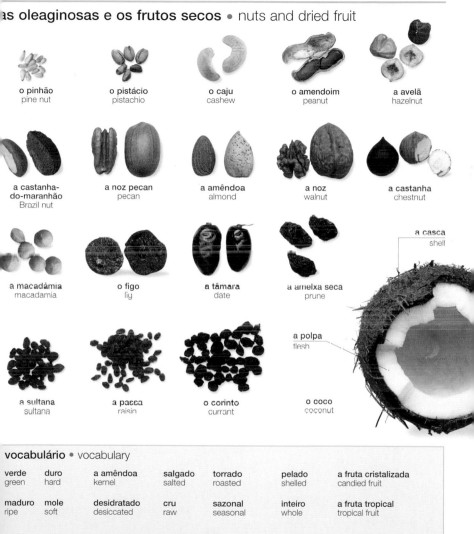

o pinhão
pine nut

o pistácio
pistachio

o caju
cashew

o amendoim
peanut

a avelã
hazelnut

a castanha-do-maranhão
Brazil nut

a noz pecan
pecan

a amêndoa
almond

a noz
walnut

a castanha
chestnut

a macadâmia
macadamia

o figo
fig

a tâmara
date

a ameixa seca
prune

a casca
shell

a polpa
flesh

a sultana
sultana

a passa
raisin

o corinto
currant

o coco
coconut

vocabulário • vocabulary

verde green	**duro** hard	**a amêndoa** kernel	**salgado** salted	**torrado** roasted	**pelado** shelled	**a fruta cristalizada** candied fruit
maduro ripe	**mole** soft	**desidratado** desiccated	**cru** raw	**sazonal** seasonal	**inteiro** whole	**a fruta tropical** tropical fruit

os cereais e as leguminosas • grains and legumes

os cereais • grains

o trigo
wheat

a aveia
oats

a cevada
barley

o milho-miúdo
millet

o milho
corn

a quinoa
quinoa

vocabulário • vocabulary

a semente seed	perfumado fragranced	de cozedura fácil quick cooking
a casca husk	os cereais cereal	de grão longo long-grain
o grão kernel	integral whole-grain	
seco dry	pôr de molho (v) soak (v)	de grão curto short-grain
fresco fresh		

o arroz • rice

os cereais processados • processed grains

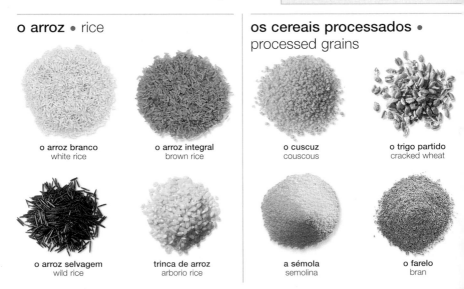

o arroz branco
white rice

o arroz integral
brown rice

o cuscuz
couscous

o trigo partido
cracked wheat

o arroz selvagem
wild rice

trinca de arroz
arborio rice

a sémola
semolina

o farelo
bran

as leguminosas • legumes

o feijão manteiga
butter beans

o feijão branco miúdo
haricot beans

o feijão vermelho
red kidney beans

o feijão aduki
adzuki beans

as favas
fava beans

o grão de soja
soybeans

o feijão frade
black-eyed peas

o feijão catarino
pinto beans

o feijão mungo
mung beans

o feijão branco
flageolet beans

a lentilha castanha
brown lentils

a lentilha vermelha
red lentils

as ervilhas
green peas

o grão-de-bico
chickpeas

as ervilhas quebradas
split peas

as sementes • seeds

a semente de abóbora
pumpkin seed

a mostarda em grão
mustard seed

a alcaravia
caraway

a semente de sésamo
sesame seed

a semente de girassol
sunflower seed

as ervas aromáticas e as especiarias • herbs and spices

as especiarias • spices

a baunilha
vanilla

a noz-moscada
nutmeg

o macis
mace

a curcuma
turmeric

os cominhos
cumin

o ramo aromático
bouquet garni

**a pimenta
da Jamaica**
allspice

a pimenta em grão
peppercorn

o fenacho
fenugreek

o piri-piri
chili powder

inteiro
whole

esmagado
crushed

o açafrão
saffron

o cardamomo
cardamom

o caril em pó
curry powder

moído
ground

o colorau
paprika

flocos
flakes

o alho
garlic

as ervas aromáticas • herbs

os paus
de canela
sticks

a canela
cinnamon

o limonete
lemon grass

o cravinho
cloves

o anis
star anise

o gengibre
ginger

o funcho
fennel

as sementes
de funcho
fennel seeds

a folha de louro
bay leaf

a salsa
parsley

o cebolinho
chivos

a hortelã
mint

o tomilho
thyme

a salva
sage

o estragão
tarragon

a manjerona
marjoram

o manjericão
basil

o orégão
oregano

o coentro
cilantro

o endro
dill

o rosmaninho
rosemary

os alimentos engarrafados •
bottled foods

o óleo de amêndoa
almond oil

o óleo de noz
walnut oil

o óleo de grainhas de uva
grapeseed oil

a rolha
cork

o óleo de girassol
sunflower oil

o óleo de sésamo
sesame seed oil

o óleo de avelã
hazelnut oil

o azeite
olive oil

as ervas aromáticas
herbs

o óleo aromatizado
flavored oil

os óleos
oils

os doces e as compotas •
sweet spreads

o boião
jar

o favo de mel
honeycomb

o mel cremoso
set honey

o creme de limão
lemon curd

a compota de framboesa
raspberry jam

o doce de laranja
marmalade

o mel líquido
clear honey

o xarope de ácer
maple syrup

os molhos e os condimentos •
sauces and condiments

o frasco
bottle

o vinagre de cidra
cider vinegar

o vinagre balsâmico
balsamic vinegar

a mostarda inglesa
English mustard

a maionese
mayonnaise

o ketchup
ketchup

a mostarda francesa
French mustard

o chutney
chutney

o vinagre de malte
malt vinegar

o vinagre de vinho
wine vinegar

o molho
sauce

a mostarda em grão
whole grain mustard

o vinagre
vinegar

o bolão hermético
canning jar

a manteiga de amendoim
peanut butter

o chocolate de barrar
chocolate spread

a fruta em conserva
preserved fruit

vocabulário • vocabulary

o óleo de milho corn oil	**o óleo de colza** canola oil
o óleo de amendoim peanut oil	**o óleo extraído a frio** cold-pressed oil
o óleo vegetal vegetable oil	

os laticínios • dairy products

o queijo • cheese

o queijo ralado
grated cheese

a casca
rind

o queijo semicurado
semi-hard cheese

o queijo curado
hard cheese

o queijo semicremoso
semi-soft cheese

o requeijão
cottage
cheese

o queijo-creme
cream cheese

o queijo azul
blue cheese

o queijo cremoso
soft cheese

o queijo fresco | fresh cheese

o leite • milk

o leite
gordo
whole milk

o leite meio-gordo
reduced-fat milk

o leite magro
skim milk

o pacote
de leite
milk carton

o leite de cabra
goat's milk

o leite
condensado
condensed milk

o leite de vaca | cow's milk

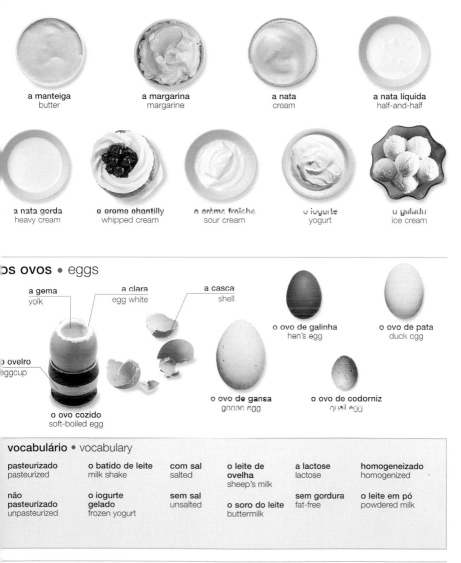

a manteiga
butter

a margarina
margarine

a nata
cream

a nata líquida
half-and-half

a nata gorda
heavy cream

o creme chantilly
whipped cream

o crème fraîche
sour cream

o iogurte
yogurt

o gelado
ice cream

os ovos • eggs

a gema
yolk

a clara
egg white

a casca
shell

o ovo de galinha
hen's egg

o ovo de pata
duck egg

o ovelro
eggcup

o ovo cozido
soft-boiled egg

o ovo de gansa
goose egg

o ovo de codorniz
quail egg

vocabulário • vocabulary

pasteurizado pasteurized	**o batido de leite** milk shake	**com sal** salted	**o leite de ovelha** sheep's milk	**a lactose** lactose	**homogeneizado** homogenized
não pasteurizado unpasteurized	**o iogurte gelado** frozen yogurt	**sem sal** unsalted	**o soro do leite** buttermilk	**sem gordura** fat-free	**o leite em pó** powdered milk

os pães e as farinhas • breads and flours

o pão fatiado
sliced bread

as sementes
de papoila
poppy seeds

o pão de centeio
rye bread

a baguete
baguette

a padaria | bakery

fazer pão • making bread

a farinha branca
white flour

a farinha com farelo
brown flour

a farinha integral
whole-wheat flour

o fermento
yeast

peneirar (v) | sift (v)

misturar (v) | mix (v)

a massa
dough

amassar (v) | knead (v)

cozer no forno (v) | bake (v)

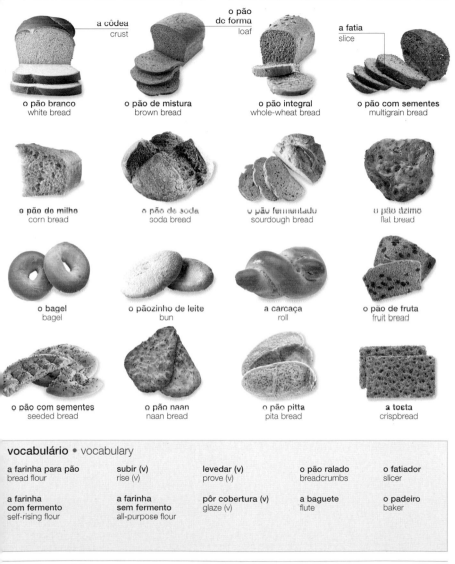

a côdea
crust

o pão de forma
loaf

a fatia
slice

o pão branco
white bread

o pão de mistura
brown bread

o pão integral
whole-wheat bread

o pão com sementes
multigrain bread

o pão do milho
corn bread

o pão de soda
soda bread

o pão fermentado
sourdough bread

o pão ázimo
flat bread

o bagel
bagel

o pãozinho de leite
bun

a carcaça
roll

o pão de fruta
fruit bread

o pão com sementes
seeded bread

o pão naan
naan bread

o pão pitta
pita bread

a tosta
crispbread

vocabulário • vocabulary

a farinha para pão bread flour	**subir (v)** rise (v)	**levedar (v)** prove (v)	**o pão ralado** breadcrumbs	**o fatiador** slicer
a farinha com fermento self-rising flour	**a farinha sem fermento** all-purpose flour	**pôr cobertura (v)** glaze (v)	**a baguete** flute	**o padeiro** baker

os bolos e as sobremesas • cakes and desserts

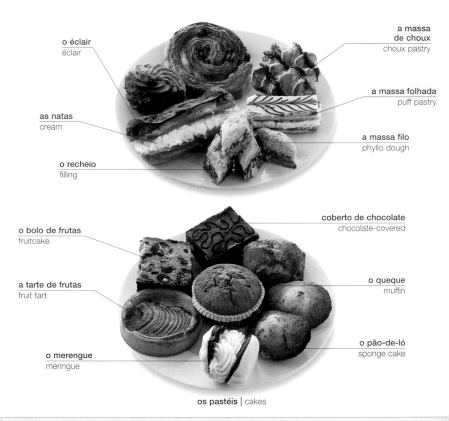

o éclair
éclair

a massa
de choux
choux pastry

a massa folhada
puff pastry

as natas
cream

a massa filo
phyllo dough

o recheio
filling

coberto de chocolate
chocolate-covered

o bolo de frutas
fruitcake

o queque
muffin

a tarte de frutas
fruit tart

o pão-de-ló
sponge cake

o merengue
meringue

os pastéis | cakes

---

vocabulário • vocabulary

o creme pasteleiro crème pâtissière	**o pãozinho doce** bun	**a massa** pastry	**o arroz-doce** rice pudding	**Pode dar-me uma fatia, por favor?** May I have a slice, please?
o bolo de chocolate chocolate cake	**o leite-creme** custard	**a fatia** slice	**a celebração** celebration	

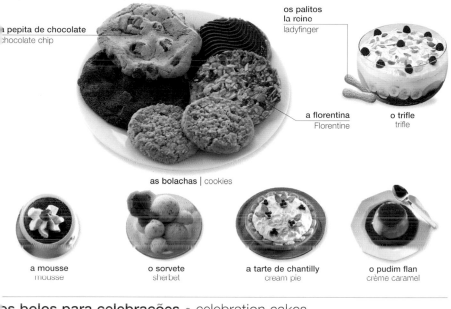

a pepita de chocolate
chocolate chip

os palitos
la reine
ladyfinger

a florentina
Florentine

o trifle
trifle

as bolachas | cookies

a mousse
mousse

o sorvete
sherbet

a tarte de chantilly
cream pie

o pudim flan
crème caramel

os bolos para celebrações • celebration cakes

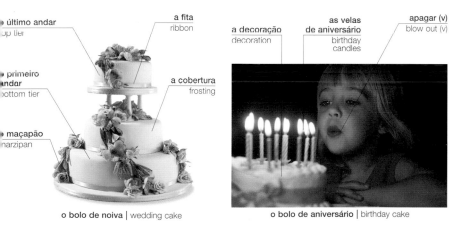

o último andar
top tier

a fita
ribbon

o primeiro
andar
bottom tier

a cobertura
frosting

o maçapão
marzipan

o bolo de noiva | wedding cake

a decoração
decoration

as velas
de aniversário
birthday
candles

apagar (v)
blow out (v)

o bolo de aniversário | birthday cake

a charcutaria • delicatessen

o enchido picante
spicy sausage

a quiche
quiche

o vinagre
vinegar

o óleo
oil

a carne fresca
uncooked meat

o balcão
counter

o salame
salami

o pepperoni
pepperoni

o patê
pâté

o mozarela
mozzarella

o brie
Brie

o queijo de cabra
goat cheese

o cheddar
cheddar

o parmesão
Parmesan

o camembert
Camembert

a casca
rind

o flamengo
Edam

o manchego
Manchego

as tartes
potpie

a azeitona preta
black olive

a malagueta
chili pepper

o molho
sauce

o pão
bread roll

as carnes frias
cooked meat

a azeitona verde
green olive

o presunto
ham

o balcão de sanduíches | sandwich counter

o peixe fumado
smoked fish

as alcaparras
capers

o chouriço
chorizo

o presunto
prosciutto

a azeitona recheada
stuffed olive

vocabulário • vocabulary

em azeite in oil	marinado marinated	fumado smoked
em salmoura in brine	salgado salted	curado cured

Tire uma senha, por favor.
Take a number, please.

Posso provar um pouco disto, por favor?
Can I try some of that, please?

Podia dar-me seis fatias desse?
May I have six slices of that, please?

as bebidas • drinks

a água • water

a água
engarrafada
bottled water

com gás
sparkling

sem gás
still

a água da torneira
tap water

a água tónica
tonic water

a água mineral | mineral water

a água com gás
soda water

as bebidas quentes •
hot drinks

o chá em
saqueta
teabag

o chá
em folhas
loose-leaf tea

o chá
tea

os grãos
beans

o café moído
ground coffee

o café
coffee

o chocolate quente
hot chocolate

a bebida maltada
malted drink

os refrescos • soft drinks

a palhinha
straw

o sumo de tomate
tomato juice

o sumo de uva
grape juice

a limonada
lemonade

a laranjada
orangeade

a cola
cola

as bebidas alcoólicas • alcoholic drinks

a lata
can

a cerveja
beer

a sidra
hard cider

a cerveja amarga
bitter

a cerveja preta
stout

o gin
gin

a vodka
vodka

o whisky
whiskey

o rum
rum

o brandy
brandy

seco
dry

rosé
rosé

branco
white

tinto
red

vinho do Porto
port

o xerez
sherry

o campari
Campari

o licor
liqueur

a tequila
tequila

o champanhe
champagne

o vinho
wine

comer fora
eating out

o café • café

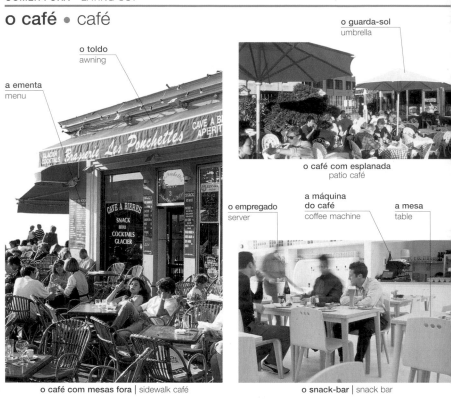

o guarda-sol
umbrella

o toldo
awning

a ementa
menu

o café com esplanada
patio café

o empregado
server

a máquina
do café
coffee machine

a mesa
table

o café com mesas fora | sidewalk café

o snack-bar | snack bar

o café • coffee

o café
com leite
coffee with milk

o café
black coffee

o cacau
em pó
cocoa powder

a espuma
froth

o café de saco
filter coffee

a bica
espresso

o cappuccino
cappuccino

o café com gelo
iced coffee

o chá • tea

o chá de infusão
herbal tea

o chá de camomila
chamomile tea

o chá verde
green tea

o chá com leite
tea with milk

o chá preto
black tea

o chá com limão
tea with lemon

o chá de hortelã
mint tea

o iced tea
iced tea

os sumos e os batidos • juices and milkshakes

o batido de chocolate
chocolate milkshake

o batido de morango
strawberry milkshake

o batido de café
coffee milkshake

o sumo de laranja
orange juice

o sumo de maçã
apple juice

o sumo de ananás
pineapple juice

o sumo de tomate
tomato juice

a comida • food

o pão escuro
whole-wheat bread

a bola
scoop

a sanduíche torrada
toasted sandwich

a salada
salad

o gelado
ice cream

o pastel
pastry

o bar • bar

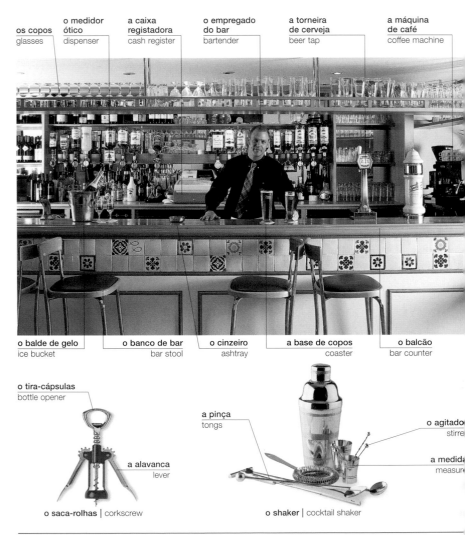

os copos — glasses

o medidor ótico — dispenser

a caixa registadora — cash register

o empregado do bar — bartender

a torneira de cerveja — beer tap

a máquina de café — coffee machine

o balde de gelo — ice bucket

o banco de bar — bar stool

o cinzeiro — ashtray

a base de copos — coaster

o balcão — bar counter

o tira-cápsulas
bottle opener

a alavanca
lever

o saca-rolhas | corkscrew

a pinça
tongs

o agitador
stirrer

a medida
measure

o shaker | cocktail shaker

o jarro
pitcher

o cubo de gelo
ice cube

o gin tónico
gin and tonic

o whisky com água
scotch and water

o rum com cola
rum and cola

a vodka com laranja
screwdriver

o martini
martini

o cocktail
cocktail

o vinho
wine

a cerveja
beer

duplo
double

simples
single

gelo e limão
ice and lemon

um shot
shot

uma medida
measure

sem gelo
without ice

com gelo
with ice

os aperitivos • bar snacks

os cajus
cashews

as amêndoas
almonds

os amendoins
peanuts

as batatas fritas | potato chips

os frutos secos | nuts

as azeitonas | olives

o **restaurante** • restaurant

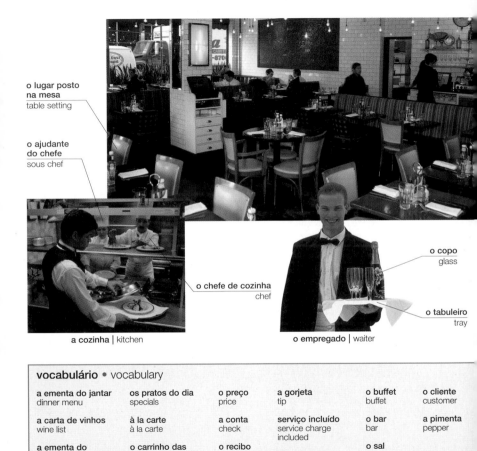

o lugar posto
na mesa
table setting

o ajudante
do chefe
sous chef

o chefe de cozinha
chef

o copo
glass

o tabuleiro
tray

a cozinha | kitchen

o empregado | waiter

vocabulário • vocabulary

a ementa do jantar dinner menu	os pratos do dia specials	o preço price	a gorjeta tip	o buffet buffet	o cliente customer
a carta de vinhos wine list	à la carte à la carte	a conta check	serviço incluído service charge included	o bar bar	a pimenta pepper
a ementa do almoço lunch menu	o carrinho das sobremesas dessert cart	o recibo receipt	serviço não incluído service charge not included	o sal salt	

a ementa
menu

a refeição para crianças
child's meal

pedir (v) | order (v)

pagar (v) | pay (v)

os pratos • courses

o aperitivo
apéritif

a entrada
appetizer

a sopa
soup

o prato principal
entrée

o acompanhamento
side order

a sobremesa | dessert

o café | coffee

Mesa para dois, por favor.
A table for two, please.

Posso ver a ementa/carta de
vinhos, por favor?
Can I see the menu/wine list, please?

Há uma ementa de preço fixo?
Is there a fixed-price menu?

Tem pratos vegetarianos?
Do you have any vegetarian dishes?

Podia trazer-me a conta/o recibo,
por favor?
Could I have the check/a receipt, please?

Podemos pagar separadamente?
Can we pay separately?

Onde ficam as casas de banho?
Where is the restroom, please?

a comida rápida • fast food

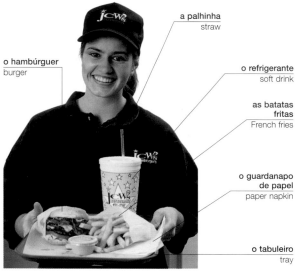

a palhinha
straw

o hambúrguer
burger

o refrigerante
soft drink

as batatas
fritas
French fries

o guardanapo
de papel
paper napkin

o tabuleiro
tray

o hambúrguer com batatas fritas | burger meal

vocabulário • vocabulary

a pizzaria
pizzeria

a hamburgueria
burger bar

a ementa
menu

para comer no estabelecimento
eat-in

para levar
to go

reaquecer (v)
reheat (v)

o molho de tomate
ketchup

. . . .

Pode embrulhar?
Can I have that to go, please?

Entrega em casa?
Do you deliver?

a pizza
pizza

o preçário
price list

a bebida em lata
canned drink

a entrega em casa | home delivery

a banca de rua | street vendor

o pão
bun

a mostarda
mustard

a salsicha
sausage

o hambúrguer
hamburger

o hambúrguer de frango
chicken burger

o hambúrguer vegetariano
veggie burger

o cachorro quente
hot dog

o recheio
filling

a sanduíche
sandwich

a sanduíche club
club sandwich

a sanduíche aberta
open-faced sandwich

o wrap
wrap

o molho
sauce

salgado
savory

doce
sweet

a cobertura
topping

a espetada
kebab

os nuggets de frango
chicken nuggets

os crepes | crepes

peixe com batatas fritas
fish and chips

o entrecosto
ribs

o frango frito
fried chicken

a pizza
pizza

o pequeno-almoço • breakfast

o leite	os cereais	a compota	os frutos secos	o presunto	o queijo	a tosta
milk	cereal	jam	dried fruit	ham	cheese	crispbread

o buffet do pequeno-almoço
breakfast buffet

o doce de laranja
marmalade

o patê
pâté

a manteiga
butter

o sumo de frutas
fruit juice

o café
coffee

o chocolate quente
hot chocolate

o croissant
croissant

o chá
tea

a mesa do pequeno-almoço | breakfast table

as bebidas | drinks

o tomate
tomato

o chouriço
de sangue
black pudding

a torrada
toast

a salsicha
sausage

o ovo estrelado
fried egg

o bacon
bacon

o brioche
brioche

o pão
bread

o pequeno-almoço inglês
English breakfast

os arenques fumados
kippers

a rabanada
French toast

a gema
yolk

o ovo cozido
soft-boiled egg

os ovos mexidos
scrambled eggs

as natas
whipped cream

o iogurte de frutas
fruit yogurt

as panquecas
crepes

as waffles
waffles

as papas de aveia
oatmeal

a fruta fresca
fresh fruit

o jantar • dinner

a **sopa** | soup

o **consommé** | broth

o **estufado** | stew

o **caril** | curry

o **assado** | roast

a **empada** | potpie

o **soufflé** | soufflé

a **espetada** | kebab

as **almôndegas** | meatballs

a **omelete** | omelet

o **salteado de legumes**
stir-fry

a **massa chine**
noodl

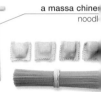

a **massa** | pasta

o **arroz** | rice

a **salada mista** | tossed salad

a **salada verde**
green salad

o **tempero de salada**
dressing

as técnicas • techniques

recheado | stuffed

em molho | in sauce

grelhado | grilled

marinado | marinated

escalfado | poached

em puré | mashed

cozido no forno | baked

frito com pouco óleo
pan fried

frito | fried

em vinagre | pickled

fumado | smoked

frito imerso em óleo
deep-fried

em calda | in syrup

temperado | dressed

ao vapor | steamed

curado | cured

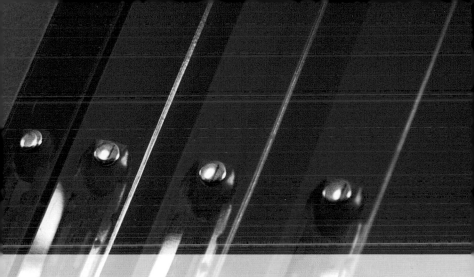

o estudo
study

a escola • school

o quadro branco
whiteboard

a professora
teacher

a pasta
schoolbag

o aluno
student

a secretária
desk

a sala de aula | classroom

a aluna
schoolgirl

o aluno
schoolboy

---

vocabulário • vocabulary

a história history	**a ciência** science	**a física** physics
as línguas languages	**a arte** art	**a química** chemistry
a literatura literature	**a música** music	**a biologia** biology
a geografia geography	**a matemática** math	**a educação física** physical education

as actividades • activities

ler (v) | read (v)

escrever (v) | write (v)

soletrar (v) | spell (v)

desenhar (v) | draw (v)

o projetor digital
digital projector

o bico
nib

a caneta
pen

o lápis de cor
colored pencil

o apara-lápis
pencil sharpener

o lápis
pencil

a borracha
eraser

o caderno
notebook

o livro | textbook

o estojo | pencil case

a régua | ruler

erguntar (v) | question (v)

responder (v) | answer (v)

discutir (v) | discuss (v)

aprender (v) | learn (v)

vocabulário • vocabulary

o diretor principal	**a resposta** answer	**a nota** grade
a aula lesson	**o trabalho de casa** homework	**o ano** year
a pergunta question	**o exame** test	**o dicionário** dictionary
tirar apontamentos (v) take notes (v)	**a redação** essay	**a enciclopédia** encyclopedia

a matemática • math

as formas • shapes

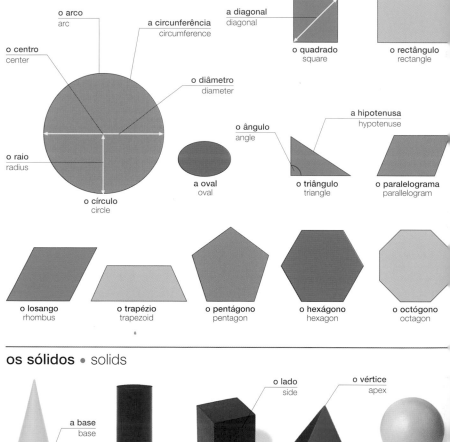

o arco
arc

a circunferência
circumference

a diagonal
diagonal

o quadrado
square

o rectângulo
rectangle

o centro
center

o diâmetro
diameter

a hipotenusa
hypotenuse

o ângulo
angle

o raio
radius

a oval
oval

o triângulo
triangle

o paralelograma
parallelogram

o círculo
circle

o losango
rhombus

o trapézio
trapezoid

o pentágono
pentagon

o hexágono
hexagon

o octógono
octagon

os sólidos • solids

o lado
side

o vértice
apex

a base
base

o cone
cone

o cilindro
cylinder

o cubo
cube

a pirâmide
pyramid

a esfera
sphere

as linhas • lines

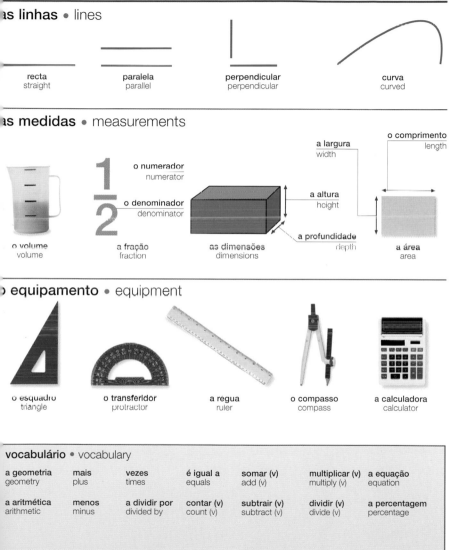

recta
straight

paralela
parallel

perpendicular
perpendicular

curva
curved

as medidas • measurements

o volume
volume

o numerador
numerator

o denominador
denominator

a fração
fraction

a largura
width

a altura
height

a profundidade
depth

o comprimento
length

as dimensões
dimensions

a área
area

equipamento • equipment

o esquadro
triangle

o transferidor
protractor

a regua
ruler

o compasso
compass

a calculadora
calculator

vocabulário • vocabulary

a geometria geometry	**mais** plus	**vezes** times	**é igual a** equals	**somar (v)** add (v)	**multiplicar (v)** multiply (v)	**a equação** equation
a aritmética arithmetic	**menos** minus	**a dividir por** divided by	**contar (v)** count (v)	**subtrair (v)** subtract (v)	**dividir (v)** divide (v)	**a percentagem** percentage

as ciências • science

o laboratório
laboratory

a balança
scale

o peso
weight

a balança de mola
spring balance

o cadinho
crucible

o bico de Bunsen
bunsen burner

o tripé
tripod

o frasco
de vidro
glass bottle

o tubo de ensaio
test tube

o suporte
rack

o grampo
clamp

o funil
funnel

a tampa
stopper

o cronómetro
timer

o balão
de ensaio
flask

a caixa de Petri
petri dish

a experiência | experiment

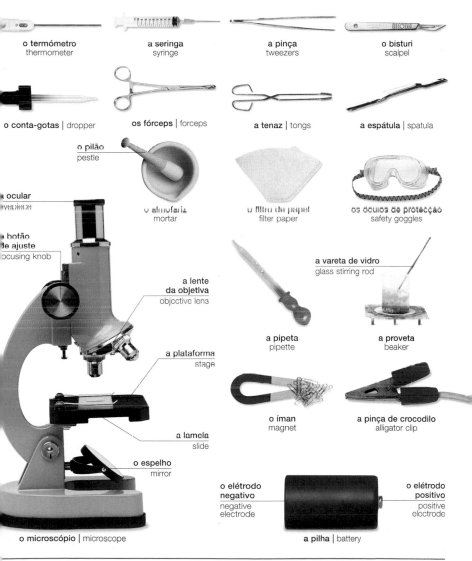

o termómetro
thermometer

a seringa
syringe

a pinça
tweezers

o bisturi
scalpel

o conta-gotas | dropper

os fórceps | forceps

a tenaz | tongs

a espátula | spatula

o pilão
pestle

a ocular
eyepiece

o botão
de ajuste
focusing knob

o almofariz
mortar

o filtro de papel
filter paper

os óculos de protecção
safety goggles

a lente
da objetiva
objective lens

a vareta de vidro
glass stirring rod

a plataforma
stage

a pipeta
pipette

a proveta
beaker

a lamela
slide

o espelho
mirror

o íman
magnet

a pinça de crocodilo
alligator clip

o elétrodo
negativo
negative
electrode

o elétrodo
positivo
positive
electrode

o microscópio | microscope

a pilha | battery

o ensino superior • college

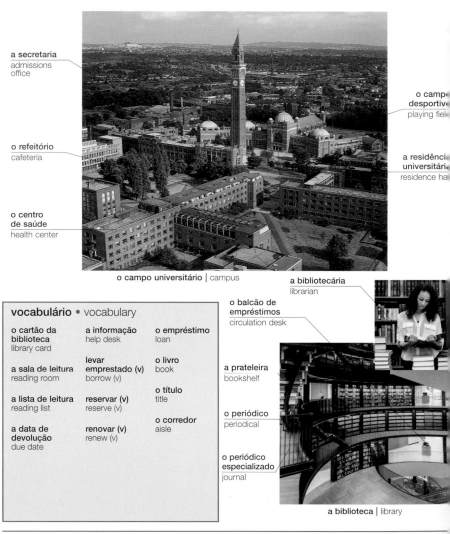

a secretaria
admissions office

o campo desportivo
playing field

o refeitório
cafeteria

a residência universitária
residence hall

o centro de saúde
health center

o campo universitário | campus

a bibliotecária
librarian

o balcão de empréstimos
circulation desk

a prateleira
bookshelf

o periódico
periodical

o periódico especializado
journal

a biblioteca | library

vocabulário • vocabulary

o cartão da biblioteca library card	a informação help desk	o empréstimo loan
a sala de leitura reading room	levar emprestado (v) borrow (v)	o livro book
a lista de leitura reading list	reservar (v) reserve (v)	o título title
a data de devolução due date	renovar (v) renew (v)	o corredor aisle

o estudante
universitário
undergraduate

o professor
universitário
professor

a licenciada
graduate

a toga
gown

o anfiteatro
lecture hall

a cerimónia de graduação
graduation ceremony

as escolas • schools

a modelo
model

a escola de Belas Artes
art school

o conservatório de música
music school

a academia de dança
dance school

vocabulário • vocabulary

a bolsa de estudos scholarship	**a investigação** research	**a dissertação** dissertation	**a medicina** medicine	**a filosofia** philosophy
o diploma diploma	**o mestrado** master's	**o departamento** department	**a zoologia** zoology	**a literatura** literature
a licenciatura degree	**o doutoramento** doctorate	**o direito** law	**a física** physics	**a história de arte** art history
o pós-graduado postgraduate	**a tese** thesis	**a engenharia** engineering	**a política** political science	**a economia** economics

o trabalho
work

o escritório 1 • office 1

o monitor
monitor

o organizador de secretária
desktop organizer

o caderno
notebook

o portátil
laptop

a bandeja de saída
out-tray

a bandeja de entrada
in-tray

a gaveta
drawer

a secretária
desk

a cadeira giratória
swivel chair

o cesto de papéis
wastebasket

o armário de arquivo
filing cabinet

---

o equipamento de escritório •
office equipment

o tabuleiro de papel
paper tray

a impressora | printer

o triturador de papel | shredder

vocabulário • vocabulary

imprimir (v)
print (v)

ampliar (v)
enlarge (v)

fotocopiar (v)
copy (v)

reduzir (v)
reduce (v)

....

Preciso de tirar fotocópias.
I need to make some copies.

office supplies • os materiais de escritório

a nota de
cumprimentos
compliments slip

o papel timbrado
letterhead

o envelope
envelope

a caixa de arquivo
box file

a etiqueta
tab

o separador
divider

a prancheta
de mola
clipboard

o bloco de
apontamentos
notepad

a pasta suspensa
hanging file

o arquivador
em concertina
expanding file

a pasta
de argolas
binder

os agrafos
staples

a fita
adesiva
tape

a almofada de tinta
ink pad

a agenda
personal organizer

o agrafador
stapler

o desenrolador
de fita adesiva
tape dispenser

o perfurador
hole punch

o carimbo
de borracha
rubber stamp

o elástico
rubber band

a mola para papel
bulldog clip

o clip
paper clip

o alfinete
thumbtack

o quadro de avisos
bulletin board

o escritório 2 • office 2

o quadro de
conferência
flip chart

o cavalete
easel

o diretor
manager

a proposta
proposal

a ata
minutes

o relatório
report

o executivo
executivo

a reunião | meeting

vocabulário • vocabulary

a sala de reuniões
meeting room

participar(v)
attend (v)

a ordem de trabalhos
agenda

presidir (v)
chair (v)

A que horas é a reunião?
What time is the meeting?

Qual é o seu horário de trabalho?
What are your office hours?

a oradora
speaker

a apresentação | presentation

os negócios • business

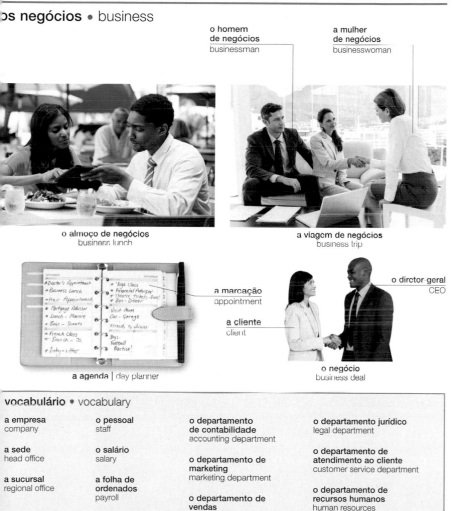

o homem
de negócios
businessman

a mulher
de negócios
businesswoman

o almoço de negócios
business lunch

a viagem de negócios
business trip

a marcação
appointment

a cliente
client

o director-geral
CEO

o negócio
business deal

a agenda | day planner

vocabulário • vocabulary

a empresa
company

a sede
head office

a sucursal
regional office

o pessoal
staff

o salário
salary

a folha de
ordenados
payroll

o departamento
de contabilidade
accounting department

o departamento de
marketing
marketing department

o departamento de
vendas
sales department

o departamento jurídico
legal department

o departamento de
atendimento ao cliente
customer service department

o departamento de
recursos humanos
human resources
department

o computador • computer

a impressora
printer

o ecrã
screen

o scanner
scanner

o portátil
laptop

a tecla
key

o teclado
keyboard

o rato
mouse

o altifalante
speaker

o hardware
hardware

a pen de memória
memory stick

o disco rígido externo
external hard drive

vocabulário • vocabulary

a memória memory	o software software	o servidor server
a RAM RAM	a aplicação application	a porta port
os bytes bytes	o programa program	o processador processor
o sistema system	a rede network	o cabo de alimentação power cord

o tablet
tablet

o smartphone
smartphone

ambiente de trabalho • desktop

a fonte
font

barra do menu
menubar

o ícone
icon

o ficheiro
file

barra de ferramentas
toolbar

a barra de deslocamento
scrollbar

a pasta
folder

a janela
window

fundo
wallpaper

a reciclagem
trash

internet • internet

o browser
browser

navegar (v)
browse (v)

o e-mail • email

o endereço de e-mail
email address

a caixa de entrada
inbox

o site da internet
website

vocabulário • vocabulary

ligar (v) connect (v)	o fornecedor de serviços service provider	ligar (v) log on (v)	fazer download download (v)	enviar (v) send (v)	guardar (v) save (v)
instalar (v) install (v)	a conta de e-mail email account	online online	o anexo attachment	receber (v) receive (v)	procurar (v) search (v)

os meios de comunicação social • media

o estúdio de televisão • television studio

o cenário
set

o apresentador
host

a iluminação
light

a câmara
camera

a grua da câmara
camera crane

o operador de câmara
cameraman

---

vocabulário • vocabulary

o canal	o noticiário	a imprensa	a telenovela	os desenhos animados	em direto
channel	news	press	soap opera	cartoon	live
a programação	o documentário	a série televisiva	o concurso	em diferido	transmitir (v)
programming	documentary	television series	game show	prerecorded	broadcast (v)

o entrevistador
interviewer

a repórter
reporter

o teleponto
teleprompter

a locutora
anchor

os atores
actors

a girafa do microfone
sound boom

a claquete
clapper board

o cenário de cinema
movie set

rádio • radio

o técnico de som | sound technician

a mesa de mistura | mixing desk

o microfone | microphone

o estúdio de gravação | recording studio

vocabulário • vocabulary	
a estação de rádio radio station	**o volume** volume
o DJ DJ	**sintonizar (v)** tune (v)
a transmissão broadcast	**a onda curta** short wave
o comprimento de onda wavelength	**a onda média** medium wave
a onda larga long wave	**analógico** analog
a frequência frequency	**digital** digital

a lei • law

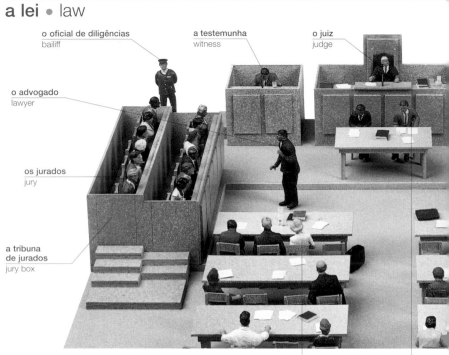

o oficial de diligências
bailiff

a testemunha
witness

o juiz
judge

o advogado
lawyer

os jurados
jury

a tribuna
de jurados
jury box

a sala do tribunal | courtroom

a acusação
prosecution

o oficial do tribunal
court clerk

vocabulário • vocabulary

o escritório de advogados lawyer's office	**a convocatória** summons	**a ordem judicial** writ	**o caso** court case
a assessoria jurídica legal advice	**a declaração** statement	**a data do julgamento** court date	**a acusação** charge
o cliente client	**o mandado** warrant	**a alegação do arguido** plea	**o arguido** accused

a estenógrafa
stenographer

o suspeito
suspect

o réu
defendant

a defesa
defense

o criminoso
criminal

o retrato-robô
composite sketch

o registo criminal
criminal record

o guarda prisional
prison guard

a cela
cell

a prisão
prison

vocabulário • vocabulary

a prova
evidence

o veredicto
verdict

inocente
innocent

culpado
guilty

absolvido
acquitted

a sentença
sentence

a caução
bail

o recurso
appeal

a liberdade
condicional
parole

Quero falar com um
advogado.
I want to see a lawyer.

Onde fica o tribunal?
Where is the courthouse?

Posso pagar uma
caução?
Can I post bail?

a quinta 1 • farm 1

o agricultor
farmer

a horta
vegetable
garden

as terras de cultivo
farmland

o pátio da quinta
farmyard

o anexo
outbuilding

**a casa
da quinta**
farmhouse

o campo
field

o celeiro
barn

a sebe
hedge

o portão
gate

a vedação
fence

a pastagem
pasture

o gado
livestock

o cultivador
cultivator

o tractor | tractor

a ceifeira-debulhadora | combine

os tipos de quinta • types of farms

a colheita
crop

o rebanho
flock

**a quinta de
terras aráveis**
crop farm

a exploração leiteira
dairy farm

a criação de gado ovino
sheep farm

a criação de aves
poultry farm

a videira
vine

a criação de suínos
pig farm

o viveiro
fish farm

o pomar
fruit farm

a vinha
vineyard

as atividades • actions

o sulco
furrow

lavrar (v)
plow (v)

semear (v)
sow (v)

ordenhar (v)
milk (v)

alimentar (v)
feed (v)

regar (v) | water (v)

colher (v) | harvest (v)

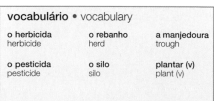

vocabulário • vocabulary

o herbicida herbicide	**o rebanho** herd	**a manjedoura** trough
o pesticida pesticide	**o silo** silo	**plantar (v)** plant (v)

a quinta 2 • farm 2

as colheitas • crops

o trigo
wheat

o milho
corn

a cevada
barley

a colza
rapeseed

o girassol
sunflower

o fardo
bale

o feno
hay

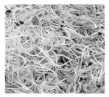

a alfafa
alfalfa

o tabaco
tobacco

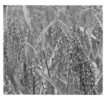

o arroz
rice

o chá
tea

o café
coffee

o linho
flax

a cana-de-açúcar
sugarcane

o algodão
cotton

o espantalho
scarecrow

o gado • livestock

o leitão
piglet

o porco
pig

o vitelo
calf

a vaca
cow

o touro
bull

a ovelha
sheep

o cordeiro
lamb

o cabrito
kid

a cabra
goat

o cavalo
horse

o potro
foal

o burro
donkey

o pintainho
chick

a galinha
chicken

o galo
rooster

o peru
turkey

o patinho
duckling

o pato
duck

o estábulo
stable

o redil
pen

o galinheiro
chicken coop

a pocilga
pigsty

a construção • construction

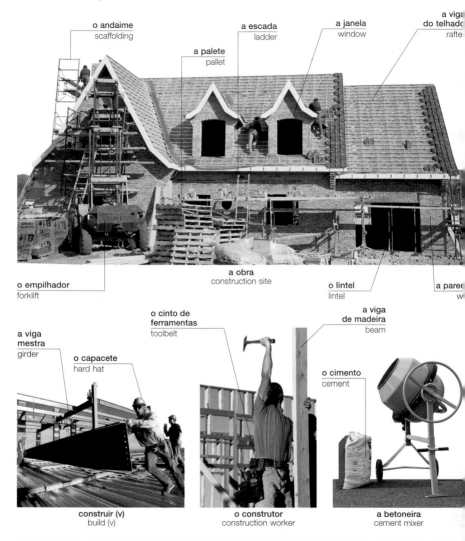

o andaime
scaffolding

a escada
ladder

a janela
window

a viga
do telhado
rafte

a palete
pallet

o empilhador
forklift

a obra
construction site

o lintel
lintel

a pared
w

a viga
mestra
girder

o capacete
hard hat

o cinto de
ferramentas
toolbelt

a viga
de madeira
beam

o cimento
cement

construir (v)
build (v)

o construtor
construction worker

a betoneira
cement mixer

os materiais • materials

o tijolo
brick

a madeira
lumber

a telha
roof tile

o bloco de betão
cinder block

as ferramentas • tools

a argamassa
mortar

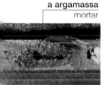

a colher de pedreiro
trowel

o nível de bolha de ar
level

o cabo
handle

a marreta
sledgehammer

a picareta
pickax

a pá
shovel

a maquinaria • machinery

o compactador
road roller

o camião basculante
dump truck

o suporte
support

o gancho
hook

a grua | crane

as obras na estrada • roadwork

o asfalto
asphalt

o cone
cone

o martelo
pneumático
jackhammer

a repavimentação
resurfacing

a escavadora
mecânica
excavator

as profissões 1 • occupations 1

o carpinteiro
carpenter

o electricista
electrician

o canalizador
plumber

o construtor
construction worker

o jardineiro
gardener

o aspirador
vacuum
cleaner

o empregado da
limpeza
cleaner

o mecânico
mechanic

o talhante
butcher

o cabeleireiro
hairdresser

a peixeira
fish seller

o merceeiro
produce seller

a florista
florist

o barbeiro
barber

o joalheiro
jeweler

a empregada da loja
salesperson

a agente imobiliária
realtor

o optometrista
optometrist

a máscara
mask

a dentista
dentist

o médico
doctor

a farmacêutica
pharmacist

a enfermeira
nurse

a veterinária
veterinarian

o agricultor
farmer

o pescador
fisherman

a metralhadora
machine gun

o crachá de
identificação
badge

o uniforme
uniform

o segurança
security quard

o marinheiro
sailor

o soldado
soldier

o polícia
police officer

o bombeiro
firefighter

as profissões 2 • occupations 2

a advogada
lawyer

o contabilista
accountant

a maquete
model

o arquitecto
architect

a cientista
scientist

a professora
teacher

o bibliotecário
librarian

a recepcionista
receptionist

o saco
do correio
mailbag

o carteiro
mail carrier

o motorista de autocarro
bus driver

o camionista
truck driver

o taxista
taxi driver

o piloto
pilot

a assistente de bordo
flight attendant

a agente de viagens
travel agent

o chapéu
de cozinheiro
chef's hat

o chefe de
cozinha
chef

português • english

o músico
musician

o tutu
tutu

a bailarina
dancer

a atriz
actress

a cantora
singer

a empregada de mesa
waitress

o barman
bartender

o desportista
sportsman

o escultor
sculptor

a pintora
painter

o fotógrafo
photographer

a locutora
anchor

as notas
notes

o jornalista
journalist

a redatora
editor

o designer
designer

a costureira
seamstress

o alfaiate
tailor

os transportes
transportation

as estradas • roads

a auto-
estrada
freeway

a cabina
da portagem
toll booth

as marcas
rodoviárias
road markings

a via de
acesso
on-ramp

a via de
sentido único
one-way street

a linha divisória
divider

a confluência
interchange

o semáforo
traffic light

a faixa
dire
right la

a faixa cent
middle la

a faixa
ultrapassage
left la

a via de sai
off-ra

o tráfe
traf

o viadu
overpa

a bern
shoulc

o camião
truck

o separador
central
median strip

a passage
subterrân
underpa

a passadeira
crosswalk

**o telefone
de emergência**
emergency phone

o estacionamento
para deficientes
disabled parking

o engarrafamento de trânsito
traffic jam

**o sistema
de navegação**
satnav

o parquímetro
parking meter

o polícia sinaleiro
traffic policeman

vocabulário • vocabulary

a rotunda roundabout	**estacionar (v)** park (v)	**rebocar (v)** tow away (v)
o desvio detour	**ultrapassar (v)** pass (v)	**a auto-estrada** divided highway
as obras roadwork	**conduzir (v)** drive (v)	
a barreira de segurança guardrail	**fazer marcha atrás (v)** reverse (v)	**É esta a estrada para...?** Is this the road to ...? **Onde posso estacionar?** Where can I park?

s sinais de trânsito • road signs

sentido proibido
do not enter

o limite de velocidade
speed limit

o perigo
hazard

proibido parar
no stopping

proibido virar à direita
no right turn

o autocarro • bus

o lugar
do motorista
driver's seat

o corrimão
handrail

a porta
automática
automatic door

a roda
da frente
front wheel

o porta-bagagens
luggage hold

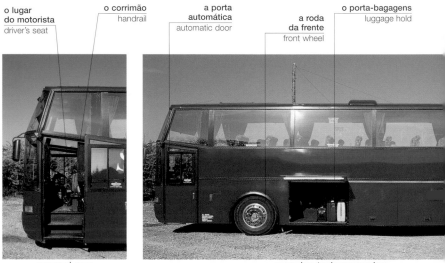

a porta | door

a camioneta de passageiros
long-distance bus

os tipos de autocarros • types of buses

o número da rota
route number

o motorista
driver

o autocarro de
dois andares
double-decker bus

o eléctrico
tram

o autocarro eléctrico
streetcar

o autocarro escolar | school bus

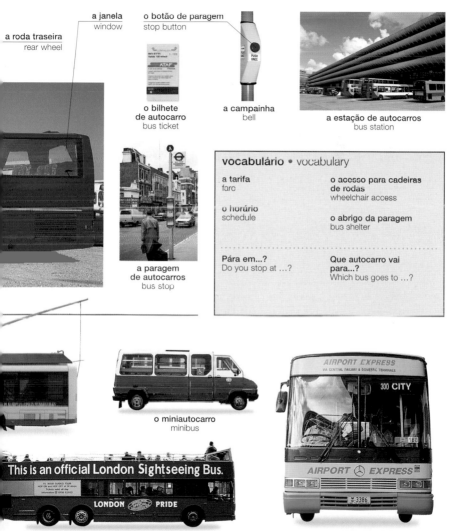

a roda traseira
rear wheel

a janela
window

o botão de paragem
stop button

o bilhete
de autocarro
bus ticket

a campainha
bell

a estação de autocarros
bus station

a paragem
de autocarros
bus stop

vocabulário • vocabulary

a tarifa
fare

o horário
schedule

o acesso para cadeiras
de rodas
wheelchair access

o abrigo da paragem
bus shelter

Pára em...?
Do you stop at ...?

Que autocarro vai
para...?
Which bus goes to ...?

o miniautocarro
minibus

o autocarro turístico | tour bus

o autocarro de ligação | shuttle bus

o automóvel 1 • car 1

o exterior • exterior

o retrovisor
lateral
side mirror

o pára-brisas
windshield

o espelho
retrovisor
rearview mirror

o limpa-
pára-brisas
windshield wiper

a port
do

o capô
hood

a bagagei
trun

o pisca
turn signal

o pára-
choques
bumper

o farol
dianteiro
headlight

a roda
wheel

o pne
ti

a matrícula
license plate

a bagagem
luggage

o porta-bagagens
roof rack

a porta da bagageira
tailgate

o cinto de segurança
seat belt

a cadeira para criança
car seat

os tipos • types

o carro elétrico
electric car

o carro de cinco portas
hatchback

a berlina
sedan

a carrinha
station wagon

o descapotável
convertible

o carro desportivo
sports car

o monovolume
minivan

o todo-o-terreno
four-wheel drive

o carro antigo
vintage

a limusina
limousine

a bomba de gasolina •
gas station

o abastecedor
de gasolina
gas pump

o preço
price

a zona de abastecimento
forecourt

vocabulário • vocabulary

o óleo oil	com chumbo leaded	a lavagem automóvel car wash
a gasolina gasoline	o gasóleo diesel	o anticongelante antifreeze
sem chumbo unleaded	a garagem garage	o líquido limpa-vidros windshield washer fluid

Encha o depósito, por favor.
Fill it up, please.

o automóvel 2 • car 2

o interior • interior

o banco traseiro
backseat

o apoio do braço
armrest

o apoio
para a cabeça
headrest

o fecho
da porta
door lock

o puxad
hand.

vocabulário • vocabulary

de duas portas two-door	de quatro portas four-door	automático automatic	o travão brake	o acelerador accelerator
de três portas hatchback	manual manual	a ignição ignition	a embraiagem clutch	o ar condicionado air-conditioning

Pode dizer-me como se vai para...?
Can you tell me the way to ...?

Onde é o parque de estacionamento?
Where is the parking lot?

Posso estacionar aqui?
Can I park here?

os comandos • controls

o volante
steering wheel

a buzina
horn

o tablier
dashboard

as luzes de emergência
hazard lights

a navegação por satélite
satellite navigation

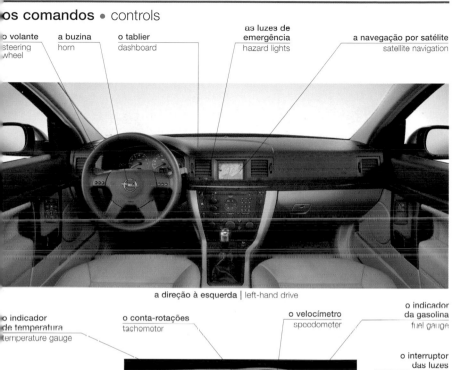

a direção à esquerda | left-hand drive

o indicador de temperatura
temperature gauge

o conta-rotações
tachometer

o velocímetro
speedometer

o indicador da gasolina
fuel gauge

o interruptor das luzes
light switch

o rádio
car stereo

os comandos de aquecimento
heater controls

o conta-quilómetros
odometer

a manete das mudanças
gearshift

o airbag
air bag

a direção à direita | right-hand drive

o automóvel 3 • car 3

a mecânica • mechanics

o depósito do
limpa-pára-brisas
washer fluid reservoir

a vareta do
nível de óleo
dipstick

o filtro de ar
air filter

o depósito de óleo dos travões
brake fluid reservoir

a bateria
battery

a carroçaria
bodywork

o depósito do
líquido de refrigeração
coolant reservoir

a cabeça de
cilindro
cylinder head

o tubo
pipe

o teto de abrir
sunroof

o radiador
radiator

o motor
engine

a ventoinha
fan

o tampão
de roda
hubcap

a caixa de
velocidades
gearbox

a transmissão
transmission

o eixo da
transmissão
driveshaft

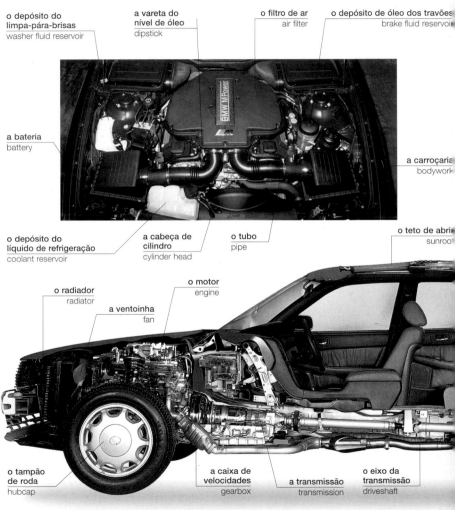

o furo • flat tire

o pneu
sobresselente
spare tire

a chave
tire iron

os parafusos
da jante
lug nuts

o macaco
jack

mudar um pneu (v)
change a tire (v)

o tejadilho
roof

a suspensão
suspension

o silenciador
muffler

o tubo de escape
exhaust pipe

vocabulário • vocabulary

o acidente de
automóvel
car accident

a avaria
breakdown

o seguro
insurance

o reboque
tow truck

o mecânico
mechanic

a pressão dos pneus
tire pressure

a caixa de fusíveis
fuse box

a vela de ignição
spark plug

a correia da ventoinha
fan belt

o depósito da gasolina
gas tank

a distribuição
timing

o turbocompressor
turbocharger

o distribuidor
distributor

o chassis
chassis

o travão de mão
parking brake

o alternador
alternator

a correia da distribuição
cam belt

O meu carro avariou.
My car has broken down.

O meu carro não pega.
My car won't start.

a motocicleta • motorcycle

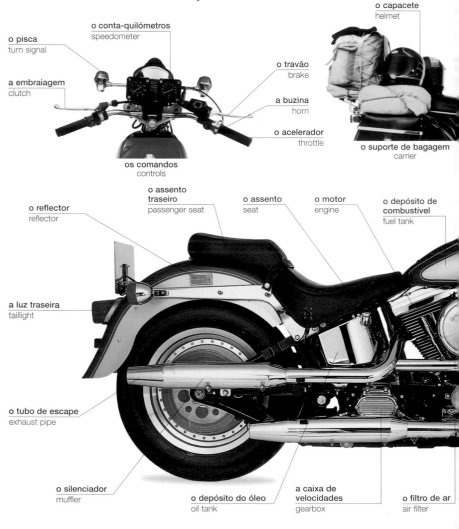

o capacete
helmet

o pisca
turn signal

o conta-quilómetros
speedometer

a embraiagem
clutch

o travão
brake

a buzina
horn

o acelerador
throttle

os comandos
controls

o suporte de bagagem
carrier

o reflector
reflector

o assento
traseiro
passenger seat

o assento
seat

o motor
engine

o depósito de
combustível
fuel tank

a luz traseira
taillight

o tubo de escape
exhaust pipe

o silenciador
muffler

o depósito do óleo
oil tank

a caixa de
velocidades
gearbox

o filtro de ar
air filter

os tipos • types

a viseira
visor

o fato de cabedal
leathers

a alça refletora
reflector strap

a joelheira
knee pad

o vestuário | clothing

o farol dianteiro
headlight

a suspensão
suspension

o guarda-lamas
mudguard

o pedal dos travões
brake pedal

o eixo
axle

o pneu
tire

a mota de pista | racing bike

o pára-brisas
windshield

a mota de estrada | tourer

a mota todo-o-terreno | dirt bike

o suporte
stand

a vespa | scooter

a bicicleta • bicycle

o tandem
tandem

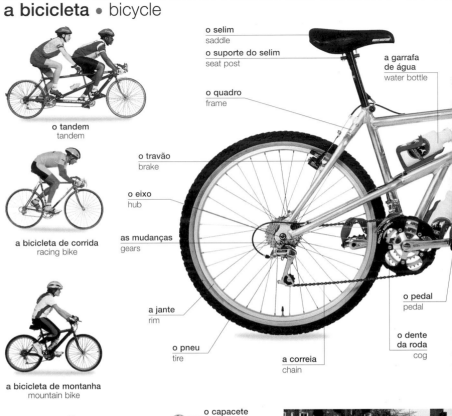

o selim
saddle

o suporte do selim
seat post

a garrafa de água
water bottle

o quadro
frame

o travão
brake

o eixo
hub

as mudanças
gears

a jante
rim

o pneu
tire

a correia
chain

o pedal
pedal

o dente da roda
cog

a bicicleta de corrida
racing bike

a bicicleta de montanha
mountain bike

o capacete
helmet

a bicicleta de passeio
touring bike

a bicicleta de estrada
road bike

a ciclovia | bike lane

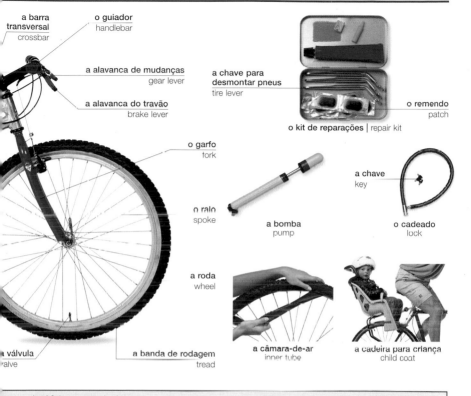

a barra transversal | crossbar

o guiador | handlebar

a alavanca de mudanças | gear lever

a alavanca do travão | brake lever

a chave para desmontar pneus | tire lever

o remendo | patch

o kit de reparações | repair kit

o garfo | fork

o raio | spoke

a chave | key

a bomba | pump

o cadeado | lock

a roda | wheel

a válvula | valve

a banda de rodagem | tread

a câmara-de-ar | inner tube

a cadeira para criança | child seat

vocabulário • vocabulary

o farol headlight	o apoio kickstand	o calço de travão brake block	o cesto basket	o pedal toe clip	travar (v) brake (v)
o farol traseiro rear light	o suporte para bicicletas bike rack	o cabo cable	o dínamo dynamo	a alça do pedal toe strap	andar de bicicleta (v) cycle (v)
o refletor reflector	as rodas de apoio training wheels	a roda dentada sprocket	o furo flat tire	pedalar (v) pedal (v)	mudar de velocidade (v) change gears (v)

o comboio • train

a
carruagem
railcar

o número da
plataforma
platform number

a
plataforma
platform

o passageiro
diário
commuter

o carrinho
cart

a estação de comboios | train station

os tipos de comboio • types of train

a cabina do
maquinista
engineer's cab

a locomotiva
engine

o carril
rail

o comboio a vapor
steam train

o comboio a gasóleo | diesel train

o comboio elétrico
electric train

o comboio de alta velocidade
high-speed train

o monocarril
monorail

o metro
subway

o tranvia
tram

o comboio de mercadorias
freight train

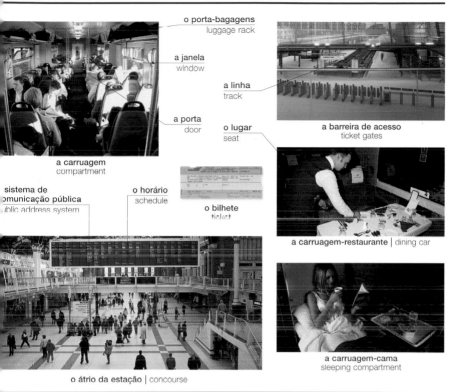

o porta-bagagens
luggage rack

a janela
window

a linha
track

a porta
door

o lugar
seat

a barreira de acesso
ticket gates

a carruagem
compartment

sistema de
comunicação pública
public address system

o horário
schedule

o bilhete
ticket

a carruagem-restaurante | dining car

a carruagem-cama
sleeping compartment

o átrio da estação | concourse

vocabulário • vocabulary

a rede ferroviária
railroad network

o mapa do
metropolitano
subway map

a bilheteira
ticket office

o carril electrificado
live rail

o comboio intercidades
express train

o atraso
delay

o revisor
ticket inspector

o sinal
signal

a hora de ponta
rush hour

a tarifa
fare

mudar (v)
transfer (v)

a alavanca de
emergência
emergency lever

o avião • aircraft

o avião comercial • airliner

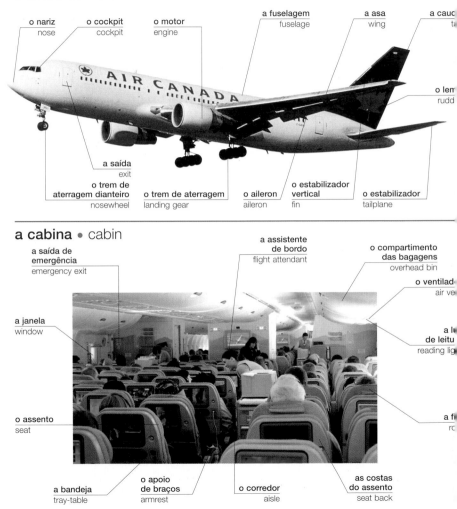

o nariz
nose

o cockpit
cockpit

o motor
engine

a fuselagem
fuselage

a asa
wing

a cauc
ta

o lem
rudd

a saída
exit

o trem de
aterragem dianteiro
nosewheel

o trem de aterragem
landing gear

o aileron
aileron

o estabilizador
vertical
fin

o estabilizador
tailplane

a cabina • cabin

a saída de
emergência
emergency exit

a assistente
de bordo
flight attendant

o compartimento
das bagagens
overhead bin

o ventilad
air ve

a janela
window

a l
de leitu
reading lig

o assento
seat

a fi
rc

a bandeja
tray-table

o apoio
de braços
armrest

o corredor
aisle

as costas
do assento
seat back

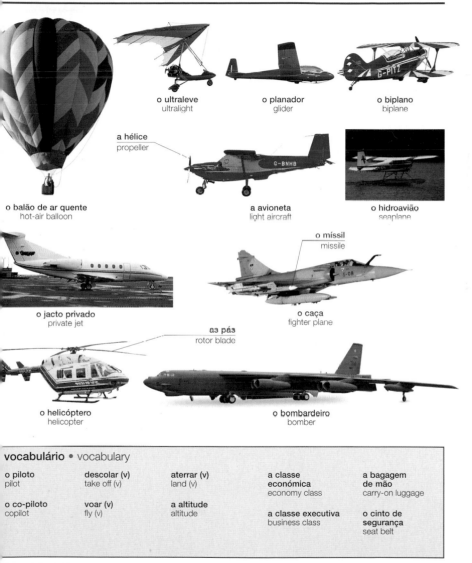

o ultraleve
ultralight

o planador
glider

o biplano
biplane

a hélice
propeller

o balão de ar quente
hot-air balloon

a avioneta
light aircraft

o hidroavião
seaplane

o míssil
missile

o jacto privado
private jet

o caça
fighter plane

as pás
rotor blade

o helicóptero
helicopter

o bombardeiro
bomber

vocabulário • vocabulary

o piloto pilot	descolar (v) take off (v)	aterrar (v) land (v)	a classe económica economy class	a bagagem de mão carry-on luggage
o co-piloto copilot	voar (v) fly (v)	a altitude altitude	a classe executiva business class	o cinto de segurança seat belt

o aeroporto • airport

a área de tráfeg
apro

o reboque de bagage
baggage trail

o termin
termin

o veículo de serviç
service vehic

a ponte de embarqu
jetwa

o avião comercial | airliner

vocabulário • vocabulary

a pista runway	o número do voo flight number	o tapete das bagagens baggage carousel	as férias vacation
o voo internacional international flight	a imigração immigration	a segurança security	fazer o check-in (v) check in (v)
o voo doméstico domestic flight	a alfândega customs	a máquina de raios X X-ray machine	a torre de controlo control tower
a ligação connection	o excesso de bagagem excess baggage	a brochura travel brochure	reservar um voo (v) book a flight (v)

bagagem e mão
carry-on luggage

bagagem
luggage

carrinho
cart

o balcão de check-in
check-in desk

o visto
visa

o passaporte | passport

o cartão de embarque
boarding pass

o controlo de passaportes
passport control

o bilhete
ticket

o número da porta de embarque
gate number

as partidas
departures

a sala de embarque
departure lounge

o destino
destination

as chegadas
arrivals

o ecrã de informação
information screen

a loja franca
duty-free shop

a recolha de bagagens
baggage claim

a paragem de táxis
taxi stand

o aluguer de automóveis
car rental

o navio • ship

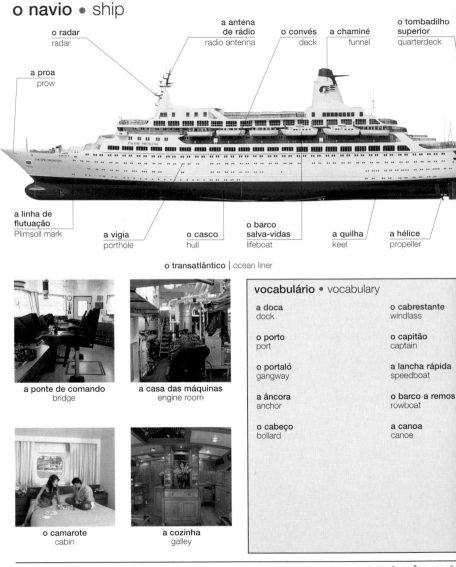

a antena de rádio / radio antenna

o radar / radar

o convés / deck

a chaminé / funnel

o tombadilho superior / quarterdeck

a proa / prow

a linha de flutuação / Plimsoll mark

a vigia / porthole

o casco / hull

o barco salva-vidas / lifeboat

a quilha / keel

a hélice / propeller

o transatlântico | ocean liner

a ponte de comando / bridge

a casa das máquinas / engine room

o camarote / cabin

a cozinha / galley

vocabulário • vocabulary

a doca / dock	o cabrestante / windlass
o porto / port	o capitão / captain
o portaló / gangway	a lancha rápida / speedboat
a âncora / anchor	o barco a remos / rowboat
o cabeço / bollard	a canoa / canoe

outras embarcações • other ships

o ferry
ferry

o motor fora-de-borda
outboard motor

o barco salva-vidas insuflável
inflatable dinghy

o hidrofoil
hydrofoil

o iate
yacht

o catamarã
catamaran

o rebocador
tugboat

o hovercraft
hovercraft

o navio porta-contentores
container ship

o cordame
rigging

o veleiro
sailboat

o porão
hold

o navio de carga
freighter

o petroleiro
oil tanker

o porta-aviões
aircraft carrier

o navio de guerra
battleship

a torre de comando
conning tower

o submarino
submarine

o **porto** • port

o **armazém**
warehouse

a **grua**
crane

a **empilhadeira**
forklift

a estrada de
acesso
access road

a **alfândega**
customs house

a **doca**
dock

o **contentor**
container

o **cais**
quay

a **carga**
cargo

o **terminal de ferries**
ferry terminal

o **ferry**
ferry

a **bilheteira**
ticket office

passageir
passenge

o **porto industrial** | container port

o **porto de passageiros** | passenger port

a rede
net

o barco de pesca
fishing boat

a ancoragem
mooring

a marina | marina

o porto de pesca | fishing port

o porto | harbor

o embarcadouro | pier

o pontão
jetty

o estaleiro
shipyard

a lâmpada
lamp

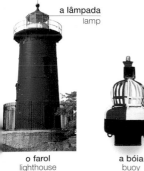

o farol
lighthouse

a bóia
buoy

vocabulário • vocabulary

a guarda-costeira coast guard	a doca seca dry dock	embarcar (v) board (v)
o capitão do porto harbor master	amarrar (v) moor (v)	desembarcar (v) disembark (v)
	atracar (v) dock (v)	zarpar (v) set sail (v)
fundear (v) drop anchor (v)		

os desportos
sports

o futebol americano • football

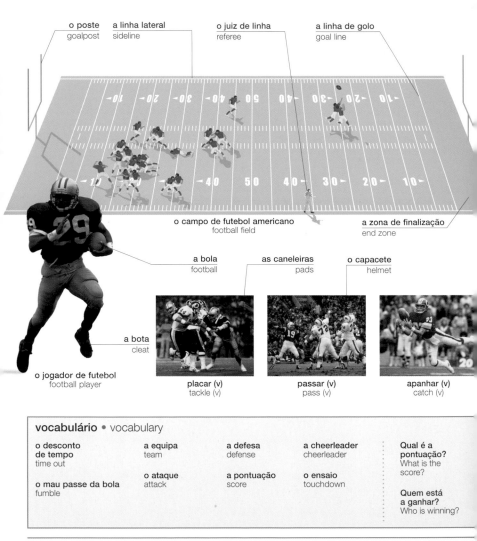

o poste
goalpost

a linha lateral
sideline

o juiz de linha
referee

a linha de golo
goal line

o campo de futebol americano
football field

a zona de finalização
end zone

a bola
football

as caneleiras
pads

o capacete
helmet

a bota
cleat

o jogador de futebol
football player

placar (v)
tackle (v)

passar (v)
pass (v)

apanhar (v)
catch (v)

vocabulário • vocabulary

o desconto
de tempo
time out

o mau passe da bola
fumble

a equipa
team

o ataque
attack

a defesa
defense

a pontuação
score

a cheerleader
cheerleader

o ensaio
touchdown

Qual é a
pontuação?
What is the
score?

Quem está
a ganhar?
Who is winning?

o râguebi • rugby

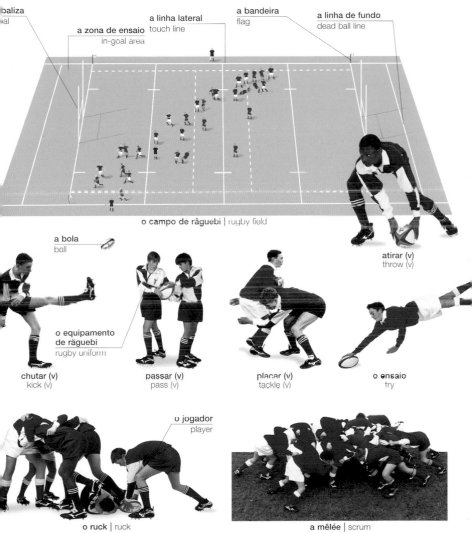

baliza
al

a zona de ensaio
in-goal area

a linha lateral
touch line

a bandeira
flag

a linha de fundo
dead ball line

o campo de râguebi | rugby field

a bola
ball

atirar (v)
throw (v)

o equipamento
de râguebi
rugby uniform

chutar (v)
kick (v)

passar (v)
pass (v)

placar (v)
tackle (v)

o ensaio
try

o jogador
player

o ruck | ruck

a mêlée | scrum

o futebol • soccer

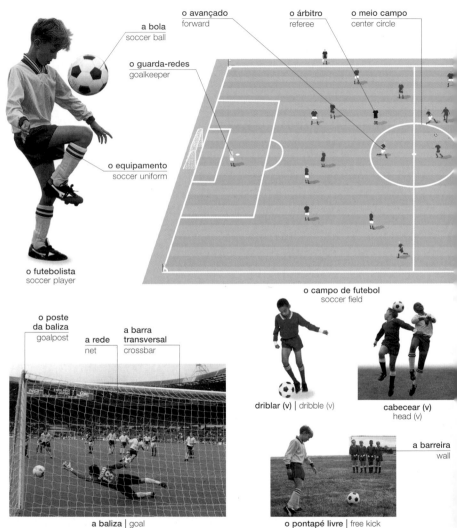

o avançado
forward

a bola
soccer ball

o guarda-redes
goalkeeper

o árbitro
referee

o meio campo
center circle

o equipamento
soccer uniform

o futebolista
soccer player

o campo de futebol
soccer field

o poste
da baliza
goalpost

a rede
net

a barra
transversal
crossbar

driblar (v) | dribble (v)

cabecear (v)
head (v)

a barreira
wall

a baliza | goal

o pontapé livre | free kick

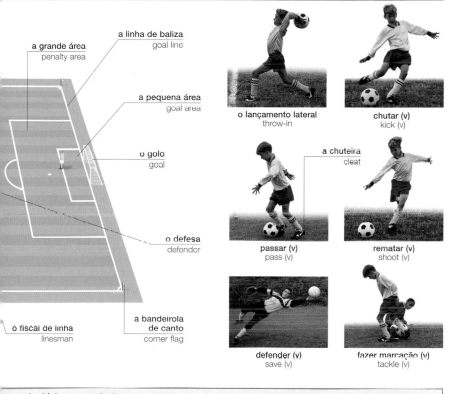

a linha de baliza
goal line

a grande área
penalty area

a pequena área
goal area

o golo
goal

o defesa
defender

o lançamento lateral
throw-in

chutar (v)
kick (v)

a chuteira
cleat

passar (v)
pass (v)

rematar (v)
shoot (v)

o fiscal de linha
linesman

a bandeirola
de canto
corner flag

defender (v)
save (v)

fazer marcação (v)
tackle (v)

vocabulário • vocabulary

o estádio stadium	a falta foul	o cartão amarelo yellow card	a liga league	o prolongamento extra time
marcar um golo (v) score a goal (v)	o canto corner	o fora de jogo offside	o empate tie	o suplente substitute
a grande penalidade penalty	o cartão vermelho red card	a expulsão send off	o intervalo halftime	a substituição substitution

o hóquei • hockey

o hóquei no gelo • ice hockey

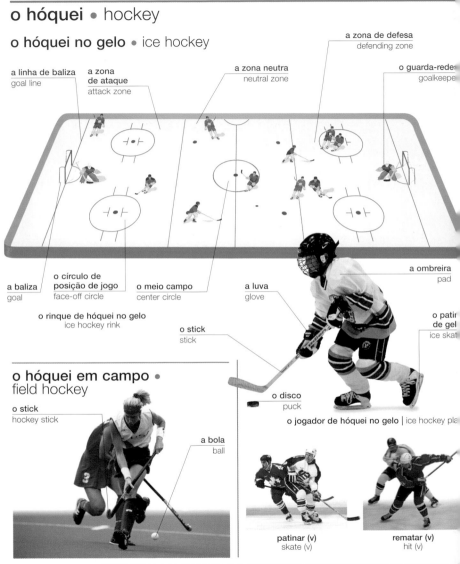

a zona de defesa
defending zone

a linha de baliza
goal line

a zona
de ataque
attack zone

a zona neutra
neutral zone

o guarda-redes
goalkeeper

a baliza
goal

o círculo de
posição de jogo
face-off circle

o meio campo
center circle

a luva
glove

a ombreira
pad

o rinque de hóquei no gelo
ice hockey rink

o stick
stick

o patim
de gelo
ice skate

o hóquei em campo •
field hockey

o stick
hockey stick

a bola
ball

o disco
puck

o jogador de hóquei no gelo | ice hockey player

patinar (v)
skate (v)

rematar (v)
hit (v)

o críquete • cricket

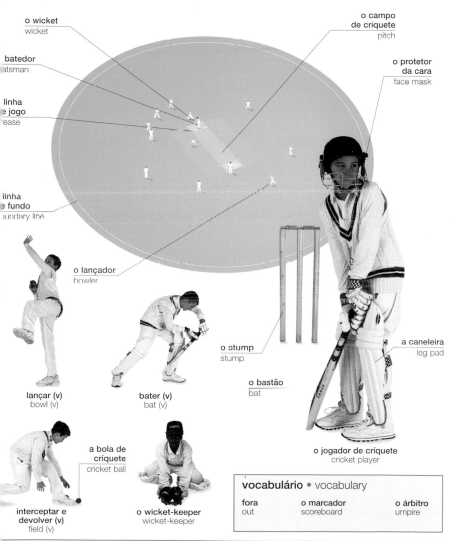

o wicket
wicket

o campo
de críquete
pitch

batedor
atsman

o protetor
da cara
face mask

linha
e jogo
ease

linha
e fundo
oundary line

o lançador
bowler

o protetor
da cara
face mask

o stump
stump

a caneleira
leg pad

o bastão
bat

lançar (v)
bowl (v)

bater (v)
bat (v)

o jogador de críquete
cricket player

interceptar e
devolver (v)
field (v)

a bola de
críquete
cricket ball

o wicket-keeper
wicket-keeper

vocabulário • vocabulary

fora	o marcador	o árbitro
out	scoreboard	umpire

o **basquetebol** • basketball

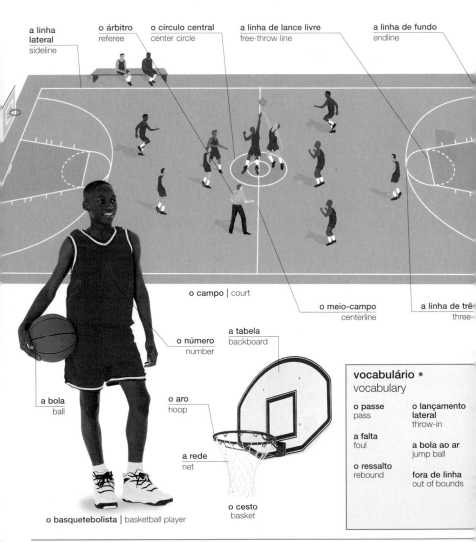

a linha lateral
sideline

o árbitro
referee

o círculo central
center circle

a linha de lance livre
free-throw line

a linha de fundo
endline

o campo | court

o meio-campo
centerline

a linha de três
three-

o número
number

a tabela
backboard

a bola
ball

o aro
hoop

a rede
net

o cesto
basket

o **basquetebolista** | basketball player

vocabulário • vocabulary

o passe pass	**o lançamento lateral** throw-in
a falta foul	**a bola ao ar** jump ball
o ressalto rebound	**fora de linha** out of bounds

s movimentos • actions

lançar (v)
throw (v)

apanhar (v)
catch (v)

arremessar (v)
shoot (v)

saltar (v)
jump (v)

marcar (v)
mark (v)

bloquear (v)
block (v)

bater (v)
dribble (v)

encestar (v)
dunk (v)

voleibol • volleyball

loquear (v)
lock (v)

rede
et

efender
aixo (v)
g (v)

o árbitro
referee

a joelheira
knee support

o campo | court

o basebol • baseball

o campo • field

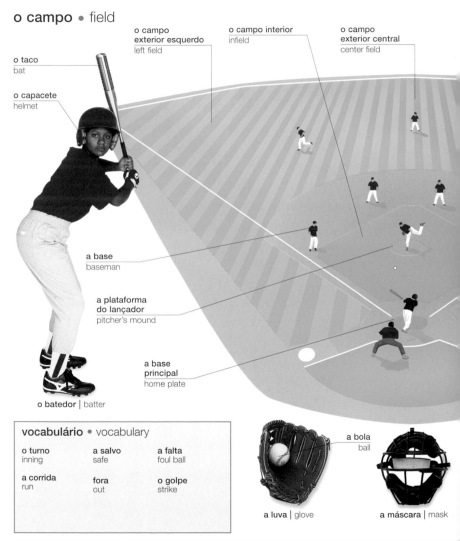

o campo
exterior esquerdo
left field

o campo interior
infield

o campo
exterior central
center field

o taco
bat

o capacete
helmet

a base
baseman

a plataforma
do lançador
pitcher's mound

a base
principal
home plate

o batedor | batter

---

vocabulário • vocabulary

o turno	a salvo	a falta
inning	safe	foul ball
a corrida	fora	o golpe
run	out	strike

a bola
ball

a luva | glove

a máscara | mask

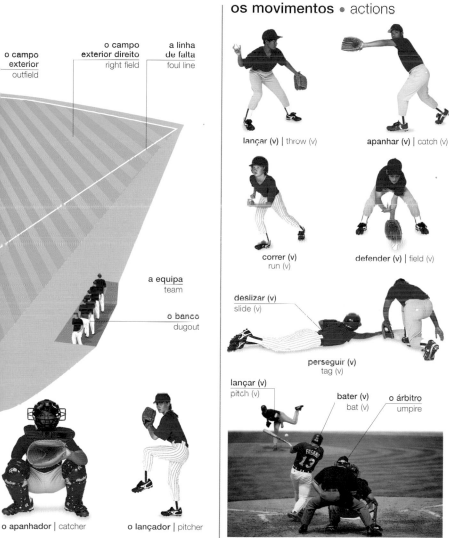

o campo exterior
outfield

o campo exterior direito
right field

a linha de falta
foul line

a equipa
team

o banco
dugout

o apanhador | catcher

o lançador | pitcher

os movimentos • actions

lançar (v) | throw (v)

apanhar (v) | catch (v)

correr (v)
run (v)

defender (v) | field (v)

deslizar (v)
slide (v)

perseguir (v)
tag (v)

lançar (v)
pitch (v)

bater (v)
bat (v)

o árbitro
umpire

jogar (v) | play (v)

o ténis • tennis

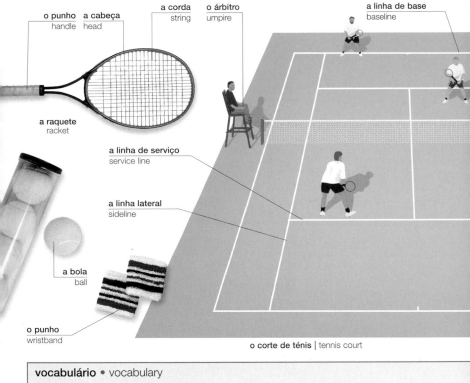

o punho
handle

a cabeça
head

a corda
string

o árbitro
umpire

a linha de base
baseline

a raquete
racket

a linha de serviço
service line

a linha lateral
sideline

a bola
ball

o punho
wristband

o corte de ténis | tennis court

vocabulário • vocabulary

os singulares singles	o set set	o empate deuce	a falta fault	a bola com efeito slice	o efeito spin
as duplas doubles	a partida match	a vantagem advantage	o ás ace	a troca de bolas rally	o juiz de linha linesman
o jogo game	o tiebreak tiebreaker	zero love	o golpe curto dropshot	let! let!	o campeonato championship

os golpes • strokes

| a rede | o smash |
| net | smash |

o apanha-bolas
ball boy

servir (v)
serve (v)

os ténis
tennis shoes

o jogador | player

o serviço
serve

o vólei
volley

a devolução
return

o lob
lob

o golpe de direita
forehand

o golpe de esquerda
backhand

os jogos de raquete • racket games

a pena
shuttlecock

a raquete
paddle

o badminton
badminton

o ténis de mesa
table tennis

o squash
squash

o raquetebol
racquetball

o golfe • golf

o green | green

o bunker | bunker

a bandeirola | flag

o teeing ground | teeing ground

o buraco | hole

fazer o swing (v) | swing (v)

o fairway | fairway

o rough | rough

o obstáculo de água | water hazard

o campo de golfe | golf course

o buggy | golf cart

a postura | stance

a jogadora de golfe | golfer

o clube | clubhouse

o equipamento • equipment

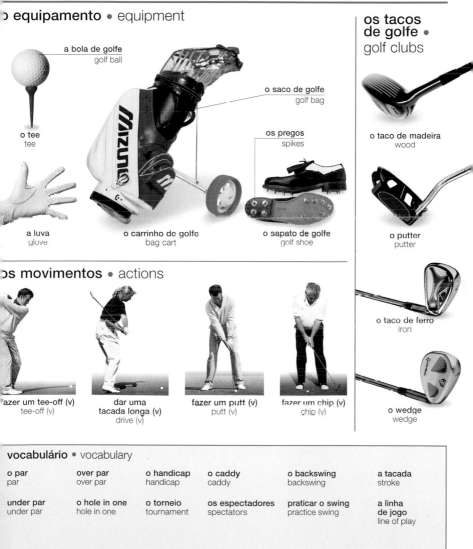

a bola de golfe
golf ball

o tee
tee

a luva
glove

o saco de golfe
golf bag

o carrinho de golfe
bag cart

os pregos
spikes

o sapato de golfe
golf shoe

os tacos de golfe • golf clubs

o taco de madeira
wood

o putter
putter

o taco de ferro
iron

o wedge
wedge

os movimentos • actions

fazer um tee-off (v)
tee-off (v)

dar uma
tacada longa (v)
drive (v)

fazer um putt (v)
putt (v)

fazer um chip (v)
chip (v)

vocabulário • vocabulary

o par par	over par over par	o handicap handicap	o caddy caddy	o backswing backswing	a tacada stroke
under par under par	o hole in one hole in one	o torneio tournament	os espectadores spectators	praticar o swing practice swing	a linha de jogo line of play

o atletismo • track and field

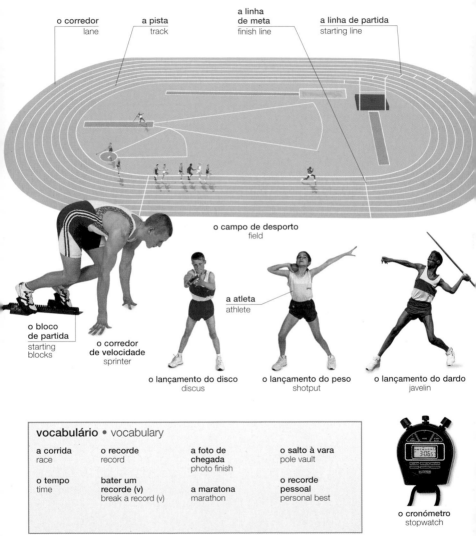

o corredor
lane

a pista
track

a linha
de meta
finish line

a linha de partida
starting line

o campo de desporto
field

a atleta
athlete

o bloco
de partida
starting
blocks

o corredor
de velocidade
sprinter

o lançamento do disco
discus

o lançamento do peso
shotput

o lançamento do dardo
javelin

vocabulário • vocabulary

a corrida race	o recorde record	a foto de chegada photo finish	o salto à vara pole vault
o tempo time	bater um recorde (v) break a record (v)	a maratona marathon	o recorde pessoal personal best

o cronómetro
stopwatch

o testemunho
baton

a corrida de estafetas
relay race

a barra
crossbar

o salto em altura
high jump

o salto em comprimento
long jump

a corrida de barreiras
hurdles

a ginástica • gymnastics

o trampolim
springboard

a ginasta
gymnast

o cavalo
horse

o salto mortal
somersault

a trave | beam

a fita
ribbon

o tapete
praticável
mat

o salto de cavalo
vault

os exercícios de solo
floor exercises

a roda
cartwheel

a ginástica rítmica
rhythmic gymnastics

vocabulário • vocabulary

a barra horizontal horizontal bar	o cavalo com arções pommel horse	as argolas rings	as medalhas medals	de prata silver
as paralelas parallel bars	as paralelas assimétricas asymmetric bars	o pódio podium	de ouro gold	de bronze bronze

os desportos de combate • combat sports

o adversário
opponent

o protector
guard

a luva
glove

o cinturão
belt

o taekwondo | tae kwon do

o karaté | karate

a máscara
mask

a espada
sword

o judo | judo

o aikido | aikido

o kendo | kendo

o kung fu | kung fu

o kickboxing | kickboxing

a luta livre | wrestling

o boxe | boxing

os movimentos • actions

a queda | fall

o agarrar | hold

a projeção | throw

a imobilização | pin

o pontapé | kick

o soco | punch

o ataque | strike

o ataque de mão aberta | chop

pontapé em salto | jump

o bloqueio | block

vocabulário • vocabulary

o rinque de boxe boxing ring	o assalto round	o punho fist	o cinturão negro black belt	a capoeira capoeira
as luvas de boxe boxing gloves	o combate bout	o KO knockout	a defesa pessoal self-defense	a luta sumo sumo wrestling
o protetor dos dentes mouth guard	o treino sparring	o saco de boxe punching bag	as artes marciais martial arts	o tai-chi tai chi

a natação • swimming
o equipamento • equipment

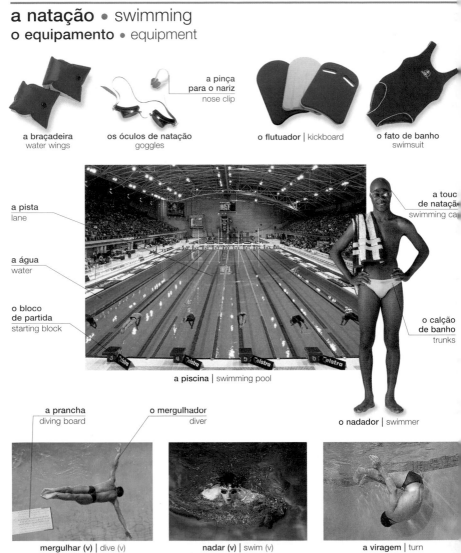

a braçadeira
water wings

os óculos de natação
goggles

**a pinça
para o nariz**
nose clip

o flutuador | kickboard

o fato de banho
swimsuit

a pista
lane

**a touca
de natação**
swimming cap

a água
water

**o bloco
de partida**
starting block

**o calção
de banho**
trunks

a piscina | swimming pool

a prancha
diving board

o mergulhador
diver

o nadador | swimmer

mergulhar (v) | dive (v)

nadar (v) | swim (v)

a viragem | turn

os estilos • styles

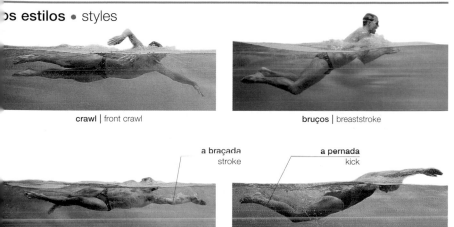

crawl | front crawl

bruços | breaststroke

a braçada
stroke

a pernada
kick

costas | backstroke

mariposa | butterfly

o mergulho submarino • scuba diving

o fato isotérmico
wetsuit

a garrafa de ar
air cylinder

a barbatana
fin

a máscara
mask

o regulador
regulator

o cinto de pesos
weight belt

o tubo de
respiração
snorkel

vocabulário • vocabulary

o mergulho dive	**boiar (v)** tread water (v)	**os cacifos** lockers	**o polo-aquático** water polo	**a parte pouco profunda** shallow end	**a cãibra** cramp
o mergulho alto high dive	**o mergulho de partida** racing dive	**o salva-vidas** lifeguard	**a parte profunda** deep end	**a natação sincronizada** synchronized swimming	**afogar-se (v)** drown (v)

a vela • sailing

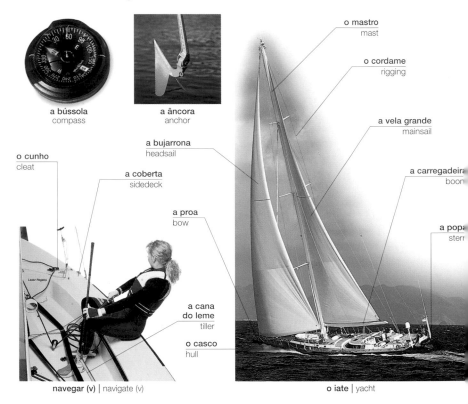

a bússola
compass

a âncora
anchor

o mastro
mast

o cordame
rigging

a vela grande
mainsail

a bujarrona
headsail

o cunho
cleat

a coberta
sidedeck

a carregadeira
boom

a proa
bow

a popa
stern

a cana
do leme
tiller

o casco
hull

navegar (v) | navigate (v)

o iate | yacht

a segurança • safety

o sinal luminoso
flare

a bóia de salvação
life buoy

o colete de salvação
life jacket

a balsa de salvamento
life raft

s desportos aquáticos • watersports

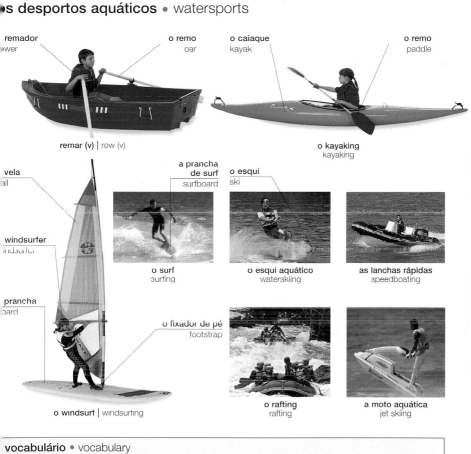

remador
·wer

o remo
oar

remar (v) | row (v)

o caiaque
kayak

o remo
paddle

o kayaking
kayaking

vela
ail

a prancha
de surf
surfboard

o esqui
ski

windsurfer
indsurfer

o surf
surfing

o esqui aquático
waterskiing

as lanchas rápidas
speedboating

prancha
oard

o fixador de pé
footstrap

o rafting
rafting

a moto aquática
jet skiing

o windsurf | windsurfing

vocabulário • vocabulary

o esquiador aquático waterskier	**a tripulação** crew	**o vento** wind	**a rebentação** surf	**a escota** sheet	**o patilhão** centerboard
o surfista surfer	**virar (v)** tack (v)	**a onda** wave	**os rápidos** rapids	**o leme** rudder	**virar de quilha (v)** capsize (v)

a equitação • horseback riding

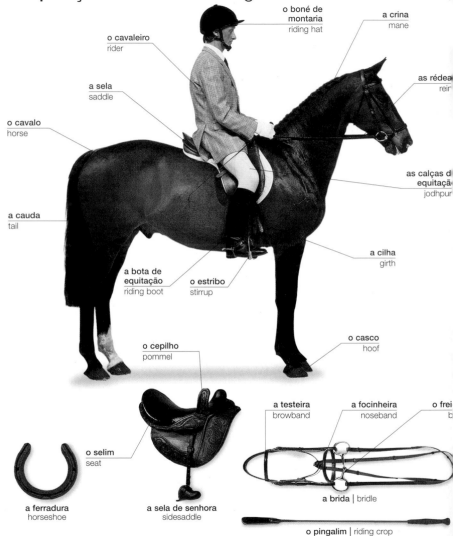

o boné de
montaria
riding hat

a crina
mane

o cavaleiro
rider

a sela
saddle

o cavalo
horse

as rédea
reir

as calças d
equitaçã
jodhpur

a cauda
tail

a cilha
girth

a bota de
equitação
riding boot

o estribo
stirrup

o casco
hoof

o cepilho
pommel

o selim
seat

a testeira
browband

a focinheira
noseband

o frei
b

a brida | bridle

a ferradura
horseshoe

a sela de senhora
sidesaddle

o pingalim | riding crop

as modalidades • events

o cavalo de corridas
racehorse

a corrida de cavalos
horse race

a barreira
fence

a corrida de obstáculos
steeplechase

a corrida de trote
harness race

o rodeio
rodeo

o concurso hípico de saltos
showjumping

a corrida de carruagens
carriage race

o trekking | trail riding

o dressage | dressage

o pólo | polo

vocabulário • vocabulary

o passo walk	**o galope leve** canter	**o salto** jump	**o cabresto** halter	**o cercado** paddock	**a corrida plana** flat race
o trote trot	**o galope** gallop	**o moço de estrebaria** groom	**o estábulo** stable	**a arena** arena	**o hipódromo** racecourse

a pesca • fishing

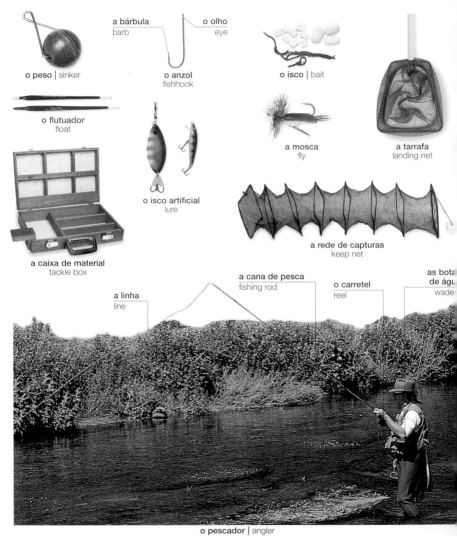

o peso | sinker

a bárbula
barb

o olho
eye

o anzol
fishhook

o isco | bait

o flutuador
float

a mosca
fly

a tarrafa
landing net

a caixa de material
tackle box

o isco artificial
lure

a rede de capturas
keep net

a cana de pesca
fishing rod

o carretel
reel

as bota
de águ
wade

a linha
line

o pescador | angler

os tipos de pesca • types of fishing

a pesca em água doce
freshwater fishing

a pesca com mosca
fly fishing

a pesca desportiva
sport fishing

a pesca de alto mar
deep sea fishing

a pesca na praia
surfcasting

as actividades • activities

lançar (v)
cast (v)

apanhar (v)
catch (v)

recolher (v)
reel in (v)

**apanhar com
a rede (v)**
net (v)

libertar (v)
release (v)

vocabulário • vocabulary

iscar (v) bait (v)	**o material** tackle	**a roupa impermeável** rain gear	**a licença de pesca** fishing license	**o cesto** creel
morder (v) bite (v)	**o carretel** spool	**a vara** pole	**a pesca marítima** marine fishing	**a pesca com arpão** spearfishing

o esqui • skiing

a pista de esqui
ski slope

o teleféric
de cadeir
chairli

o teleférico
cable car

a luva
glove

o bastão
ski pole

a lâmina
edge

a ponta
tip

o esqui
ski

a pista de esqui
ski run

a barreira
de segurança
safety barrier

o casaco
para esqui
ski jacket

a esquiadora
skier

a bota de esqui
ski boot

as modalidades • events

o esqui downhill
downhill skiing

a porta
gate

o slalom
slalom

o salto
ski jump

o esqui de fundo
cross country skiing

os desportos de inverno •
winter sports

a escalada no gelo
ice climbing

a patinagem no gelo
ice-skating

os óculos
goggles

o patim
skate

a patinagem artística
figure skating

o snowboard
snowboarding

o bobsleigh
bobsled

o luge
luge

a mota de neve
snowmobile

andar de trenó
sledding

vocabulário • vocabulary

o esqui alpino
alpine skiing

o slalom gigante
giant slalom

fora da pista
off-piste

o curling
curling

o trenó com cães
dogsledding

**a patinagem
de velocidade**
speed skating

o biatlo
biathlon

a avalanche
avalanche

outros desportos • other sports

o planador
glider

a asa delta
hang-glider

o voo planado
gliding

o paraquedas
parachute

o voo com asa delta
hang-gliding

a corda
rope

a escalada
rock climbing

o paraquedismo
parachuting

o parapente
paragliding

o paraquedismo em queda livre
skydiving

o rappel
rappelling

o bungee-jumping
bungee jumping

o rally
rally driving

o piloto de corridas
race-car driver

o automobilismo
auto racing

o motocross
motocross

o motociclismo
motorcycle racing

o skate
skateboard

andar de skate
skateboarding

os patins em linha
inline skating

a raquete
stick

o lacrosse
lacrosse

a máscara
mask

o florete
foil

a esgrima
fencing

o pino
pin

o arco
bow

o alvo
target

a flecha
arrow

a aljava
quiver

o tiro com arco
archery

o tiro ao alvo
target shooting

a bola de bowling
bowling ball

o bowling
bowling

o bilhar americano
pool

o snooker
snooker

a forma física • fitness

a bicicleta fixa
exercise bike

a máquina de exercício
gym machine

o banco
bench

os pesos
free weights

a barra
bar

o ginásio
gym

a máquina de remo
rowing machine

a passadeira
treadmill

a bicicleta elíptica
elliptical trainer

a treinadora pessoal
personal trainer

a máquina de step
stair machine

a piscina
swimming pool

a sauna
sauna

os exercícios • exercises

o alongamento
stretch

a flexão com
alongamento
lunge

os collants sem pés
tights

a flexão
push-up

o agachamento
squat

o abdominal
sit-up

o peso
dumb bell

o exercício
de bicípites
bicep curl

o leg press
leg press

o chest press
chest press

os ténis
sneakers

a barra
do peso
weight bar

o levantamento do peso
weight training

o jogging
jogging

Pilates
Pilates

---

vocabulário • vocabulary

treinar (v) train (v)	**fazer corrida estática (v)** jog in place (v)	**alongar (v)** extend (v)	**o boxercise** boxercise	**saltar à corda (v)** jumping rope
aquecer (v) warm up (v)	**flexionar (v)** flex (v)	**levantar (v)** pull up (v)	**o treino** **em circuito** circuit training	

o lazer
leisure

o **teatro** • theater

a cortina
curtain

os bastidores
wings

o cenário
set

o público
audience

a orquestra
orchestra

o palco | stage

o lugar
seat

o segundo balcão
balcony seats

a fila
row

o
camarote
box

o balcão
mezzanine

a geral
balcony

o corredor
aisle

a plateia
orchestra
seats

os lugares | seating

vocabulário • vocabulary

o elenco cast	o guião script	a estreia opening night
o actor actor	o pano de fundo backdrop	o intervalo intermission
a actriz actress	o director director	o programa program
a peça play	o produtor producer	o fosso da orquestra orchestra pit

o trajo
costume

o ballet | ballet

o concerto | concert

o musical | musical

vocabulário • vocabulary

o arrumador usher	a banda sonora soundtrack	**A que horas começa?** What time does it start?
a música clássica classical music	aplaudir (v) applaud (v)	**Queria dois bilhetes para a sessão desta noite.** I'd like two tickets for tonight's performance.
a partitura musical score	o encore encore	

a ópera | opera

o cinema • movies

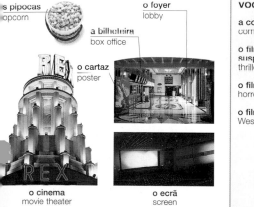

s pipocas
opcorn

o foyer
lobby

a bilheteira
box office

o cartaz
poster

o cinema
movie theater

o ecrã
screen

vocabulário • vocabulary

a comédia comedy	o filme romântico romance
o filme de suspense thriller	o filme de ficção científica science fiction movie
o filme de terror horror movie	o filme de aventura adventure movie
o filme do oeste Western	o filme de desenhos animados animated movie

a **orquestra** • orchestra

os **instrumentos de corda** • strings

a harpa
harp

o maestro
conductor

o contrabaix
double bas

o violino
violin

o pódio
podium

a viola
viola

o violoncelo
cello

a partitura
score

a clave de sol
treble clef

a nota
note

a pauta
staff

a clave de fá
bass clef

o piano | piano

a notação | notation

vocabulário • vocabulary

a abertura overture	a sonata sonata	a pausa rest	o sustenido sharp	o natural natural	a escala scale
a sinfonia symphony	os instrumentos instruments	o tom pitch	o bemol flat	a barra bar	a batuta baton

os instrumentos de sopro de madeira • woodwind

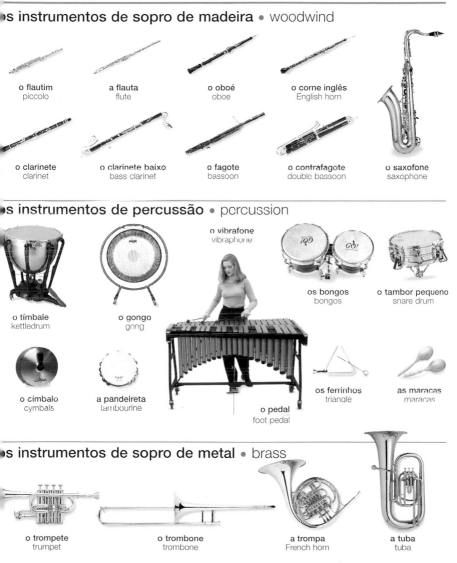

o flautim
piccolo

a flauta
flute

o oboé
oboe

o corne inglês
English horn

o clarinete
clarinet

o clarinete baixo
bass clarinet

o fagote
bassoon

o contrafagote
double bassoon

o saxofone
saxophone

os instrumentos de percussão • percussion

o vibrafone
vibraphone

os bongos
bongos

o tambor pequeno
snare drum

o tímbale
kettledrum

o gongo
gong

o címbalo
cymbals

a pandereta
tambourine

os ferrinhos
triangle

as maracas
maracas

o pedal
foot pedal

os instrumentos de sopro de metal • brass

o trompete
trumpet

o trombone
trombone

a trompa
French horn

a tuba
tuba

o **concerto** • concert

a coluna
speaker

os fãs
fans

o vocalista
lead singer

o guitarrista
guitarist

o microfone
microphone

o baterista
drummer

o concerto de rock | rock concert

os **instrumentos** • instruments

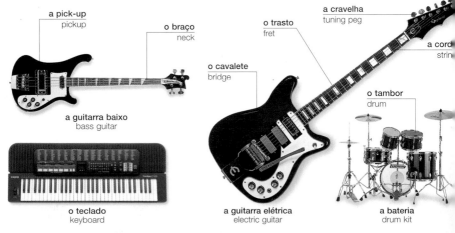

a pick-up
pickup

o braço
neck

a cravelha
tuning peg

o trasto
fret

a corda
string

o cavalete
bridge

o tambor
drum

a guitarra baixo
bass guitar

o teclado
keyboard

a guitarra elétrica
electric guitar

a bateria
drum kit

os estilos musicais • musical styles

o jazz
jazz

os blues
blues

o punk
punk

a música folk
folk music

a música pop
pop

a música de dança
dance

o rap
rap

o heavy metal
heavy metal

a música clássica
classical music

vocabulário • vocabulary

a canção	a letra	a melodia	o ritmo	o reggae	a música country	o holofote
song	lyrics	melody	beat	reggae	country	spotlight

o turismo • sightseeing

o itinerário
itinerary

descoberto
open-top

o autocarro turístico | tour bus

o turista
tourist

o guia
turístico
tour guide

a estatueta
figurine

a atração turística | tourist attraction

a visita guiada
guided tour

as recordações
souvenirs

vocabulário • vocabulary

aberto open	**o guia** guidebook	**a câmara** **de vídeo** camcorder	**esquerda** left	**Onde fica...?** Where is …?
fechado closed	**o rolo** film	**a máquina** **fotográfica** camera	**direita** right	**Estou perdido.** I'm lost.
o preço **da entrada** entrance fee	**as pilhas** batteries	**as indicações** directions	**a direito** straight ahead	**Pode indicar-me** **o caminho para...?** Can you tell me the way to …?

as atrações • attractions

quadro
ainting

a exposição
exhibit

a exposição
exhibition

as ruínas famosas
famous ruin

a galeria de arte
art gallery

o monumento
monument

o museu
museum

o edifício histórico
historic building

o casino
casino

os jardins
gardens

o parque nacional
national park

a informação • information

as horas
times

a planta
floor plan

o mapa
map

o horário
schedule

o posto de
informação turística
tourist information

as actividades ao ar livre • outdoor activities

o caminho
para peões
footpath

o relógio de sol
sundial

o café
café

o parque | park

a relva
grass

o banco
bench

os jardins
clássicos
formal gardens

a montanha russa
roller coaster

a feira popular
fairground

o parque temático
theme park

o parque de safari
safari park

o jardim zoológico
zoo

as actividades • activities

o ciclismo
cycling

o jogging
jogging

andar de skate
skateboarding

a patinagem em linha
rollerblading

o caminho equestre
bridle path

a ornitologia
bird-watching

a equitação
horseback riding

o pedestrianismo
hiking

a cesta
hamper

o piquenique
picnic

o parque infantil • playground

a caixa de areia
sandbox

a piscina plástica
wading pool

o baloiço
swing

a estrutura para escalar
climbing frame

o balancé | seesaw

o escorrega | slide

a praia • beach

o hotel
hotel

o guarda-sol
beach umbrella

a barraca de praia
beach hut

a areia
sand

a onda
wave

o ma
se

o saco de praia
beach bag

o biquíni
bikini

apanhar sol (v) | sunbathe (v)

o salva-vidas
lifeguard

a torre de vigilância
lifeguard tower

o corta-vento
windbreak

o passeio marítimo
boardwalk

a espreguiçadeira
deck chair

os óculos de sol
sunglasses

o chapéu de sol
sun hat

o creme brozeador
suntan lotion

o protetor solar total
sunblock

a bola de praia
beach ball

a bóla
inflatable ring

o fato de banho
swimsuit

a pá
shovel

o balde
pail

o castelo de areia
sandcastle

a toalha de praia
beach towel

a concha
shell

o campismo • camping

as casas de banho
restrooms

o contentor
do lixo
waste disposal

os duches
shower block

o ponto de
ligação elétrica
electric hookup

o teto duplo
flysheet

a estaca da tenda
tent peg

a corda
guy rope

a roulotte
camper

o parque de campismo | campground

vocabulário • vocabulary

acampar (v)
camp (v)

o escritório do
chefe do parque
site manager's
office

há lugares
disponíveis
sites available

cheio
full

o lugar
site

montar uma
tenda (v)
pitch a tent (v)

a pole
de tenda
tent pole

a cama de
campismo
camp bed

a mesa de piquenique
picnic bench

a cama de rede
hammock

a autocaravana
camper van

o atrelado
trailer

o carvão
charcoal

a acendalha
firelighter

acender uma
fogueira (v)
light a fire (v)

a fogueira
campfire

a estrutura
frame

a base isolante
ground sheet

a mochila
backpack

a garrafa-termo
vacuum flask

o cantil
water bottle

a tenda
tent

o repelente de insectos
insect repellent

a lanterna
flashlight

o mosquiteiro
mosquito net

a roupa isotérmica
thermal underwear

as botas de caminhada
hiking boots

a roupa impermeável
rain gear

o saco-cama
sleeping bag

o fogão de campismo
camping stove

o churrasco
barbecue grill

a esteira
sleeping mat

o colchão insuflável | air mattress

o entretenimento no lar • home entertainment

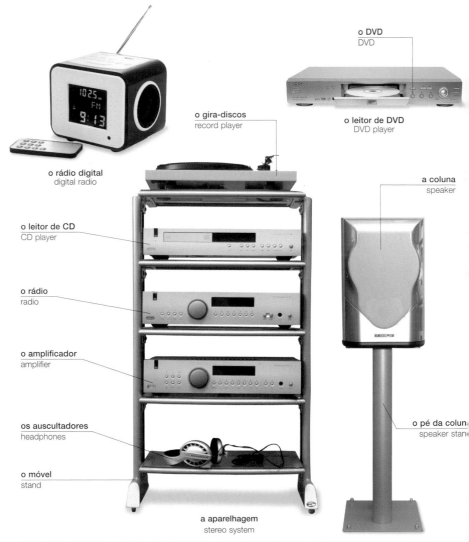

o DVD
DVD

o leitor de DVD
DVD player

o gira-discos
record player

o rádio digital
digital radio

a coluna
speaker

o leitor de CD
CD player

o rádio
radio

o amplificador
amplifier

os auscultadores
headphones

o móvel
stand

o pé da coluna
speaker stand

a aparelhagem
stereo system

o ecrã
screen

a viseira
eyecup

a box digital
DTV converter box

a câmara de vídeo
camcorder

a antena parabólica
satellite dish

o televisor de ecra plano
flatooroon TV

a consola
console

avanço rápido
fast-forward

a pausa
pause

gravar
record

o volume
volume

rebobinar (v)
rewind

reproduzir
play

parar
stop

o comando
controller

o jogo de vídeo | video game

o telecomando | remote control

vocabulário • vocabulary

o disco compacto (CD) CD	**a publicidade** advertisement	**o box Freeview** freeview box	**o programa** program	**ligar a televisão (v)** turn on the television (v)
	digital digital	**a televisão por cabo** cable television	**estéreo** stereo	**ver televisão (v)** watch television (v)
a cassete cassette tape				
o leitor de cassetes cassette player	**o streaming** streaming	**o canal pay-per-view** pay-per-view channel	**o wifi** Wi-Fi	**desligar a televisão (v)** turn off the television (v)
a longa metragem feature film	**alta definição** high-definition	**mudar de canal (v)** change channel (v)		**sintonizar o rádio (v)** tune the radio (v)

a fotografia • photography

o botão do obturador
shutter release

o botão da abertura
do diafragma
aperture dial

a objectiva
lens

o filtro
filter

a tampa da objectiva
lens cap

a câmara SLR | SLR camera

o flash electrónico
flash gun

o fotómetro
light meter

a teleobjectiva
zoom lens

o tripé
tripod

os tipos de câmara • types of camera

a câmara Polaroid
Polaroid camera

o flash
flash

a câmara digital
digital camera

o telemóvel com câmara
camera phone

a câmara descartável
disposable camera

otografar (v) • photograph (v)

o rolo
film roll

a película
film

focar (v)
focus (v)

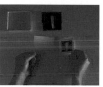

revelar (v)
develop (v)

o negativo
negative

formato
orizontal
ndscape

o formato
vertical
portrait

a fotografia | photograph

o álbum de fotografias
photo album

u moldura
picture frame

s problemas • problems

subexposto
underexposed

sobreexposto
overexposed

desfocado
out of focus

os olhos vermelhos
red eye

vocabulário • vocabulary

o visor
viewfinder

o estojo da câmara
camera case

a exposição
exposure

a câmara escura
darkroom

a fotografia
impressa
print

mate
matte

brilhante
gloss

a ampliação
enlargement

Gostaria de revelar este rolo.
I'd like this film processed.

os jogos • games

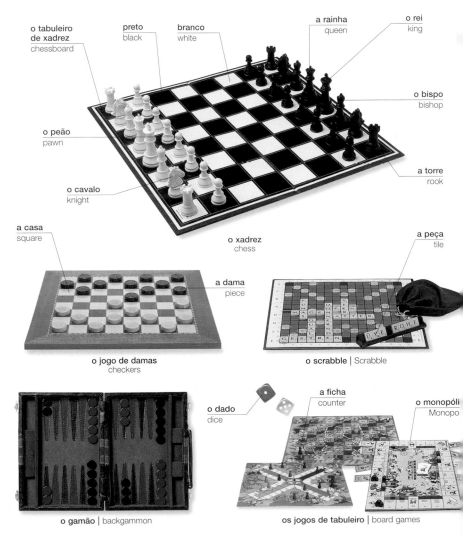

o tabuleiro
de xadrez
chessboard

preto
black

branco
white

a rainha
queen

o rei
king

o bispo
bishop

o peão
pawn

a torre
rook

o cavalo
knight

a casa
square

o xadrez
chess

a peça
tile

a dama
piece

o jogo de damas
checkers

o scrabble | Scrabble

o dado
dice

a ficha
counter

o monopóli
Monopo

o gamão | backgammon

os jogos de tabuleiro | board games

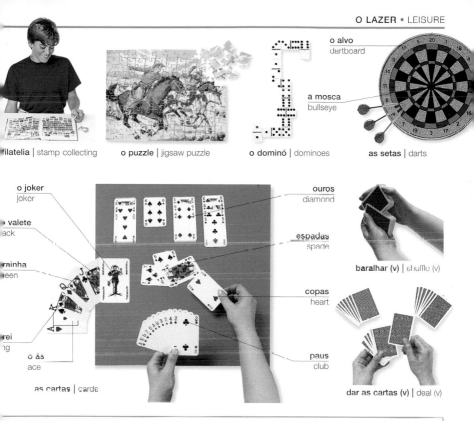

o alvo
dartboard

a mosca
bullseye

filatelia | stamp collecting

o puzzle | jigsaw puzzle

o dominó | dominoes

as setas | darts

o joker
joker

o valete
jack

a rainha
queen

o rei
king

o ás
ace

ouros
diamond

espadas
spade

copas
heart

paus
club

baralhar (v) | shuffle (v)

dar as cartas (v) | deal (v)

as cartas | cards

vocabulário • vocabulary

a jogada move	ganhar (v) win (v)	o perdedor loser	o ponto point	o bridge bridge	**Lança os dados.** Roll the dice.
jogar (v) play (v)	o vencedor winner	o jogo game	a pontuação score	o baralho deck of cards	**É a vez de quem?** Whose turn is it?
o jogador player	perder (v) lose (v)	a aposta bet	o póquer poker	o naipe suit	**É a tua vez.** It's your move.

as artes manuais 1 • arts and crafts 1

as tintas •
paints

a artista
artist

a pintura
painting

o cavalete
easel

a tela
canvas

o pincel
brush

a paleta
palette

a pintura | painting

as tintas de óleo
oil paint

as aguarelas
watercolor paint

os pastéis
pastels

a tinta acrílica
acrylic paint

o guache
poster paint

as cores • colors

vermelho	azul	amarelo	verde
red	blue	yellow	green

laranja	roxo	branco	preto
orange	purple	white	black

cinzento	rosa	castanho	anil
gray	pink	brown	indigo

utras artes manuais • other crafts

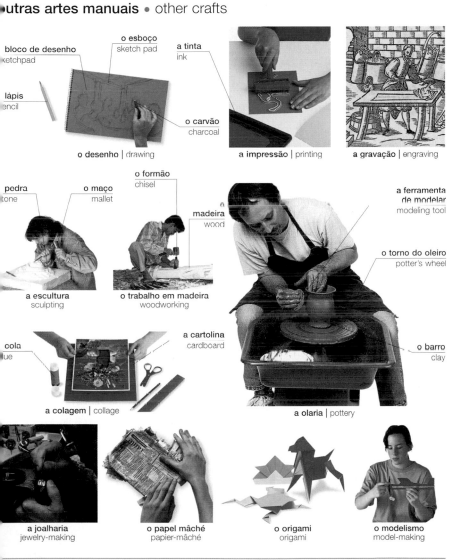

bloco de desenho
ketchpad

o esboço
sketch pad

lápis
encil

o carvão
charcoal

o desenho | drawing

a tinta
ink

a impressão | printing

a gravação | engraving

pedra
tone

o maço
mallet

o formão
chisel

madeira
wood

a escultura
sculpting

o trabalho em madeira
woodworking

a ferramenta
de modelar
modeling tool

o torno do oleiro
potter's wheel

cola
lue

a cartolina
cardboard

a colagem | collage

o barro
clay

a olaria | pottery

a joalharia
jewelry-making

o papel mâché
papier-mâché

o origami
origami

o modelismo
model-making

as artes manuais 2 • arts and crafts 2

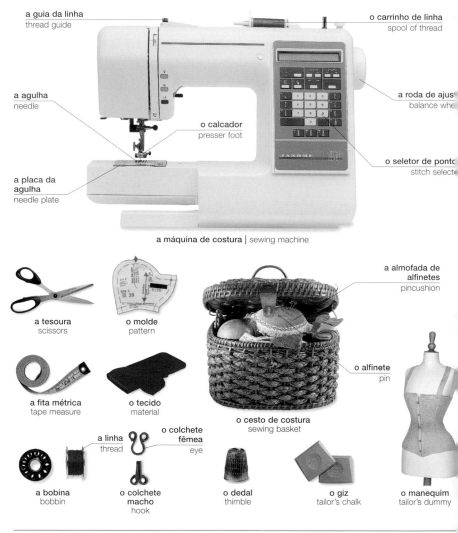

a guia da linha
thread guide

o carrinho de linha
spool of thread

a agulha
needle

a roda de ajus
balance whe

o calcador
presser foot

a placa da
agulha
needle plate

o seletor de pont
stitch select

a roda de ajus
balance whe

a máquina de costura | sewing machine

a tesoura
scissors

o molde
pattern

a almofada de
alfinetes
pincushion

a fita métrica
tape measure

o tecido
material

o alfinete
pin

o cesto de costura
sewing basket

a linha
thread

o colchete
fêmea
eye

a bobina
bobbin

o colchete
macho
hook

o dedal
thimble

o giz
tailor's chalk

o manequim
tailor's dummy

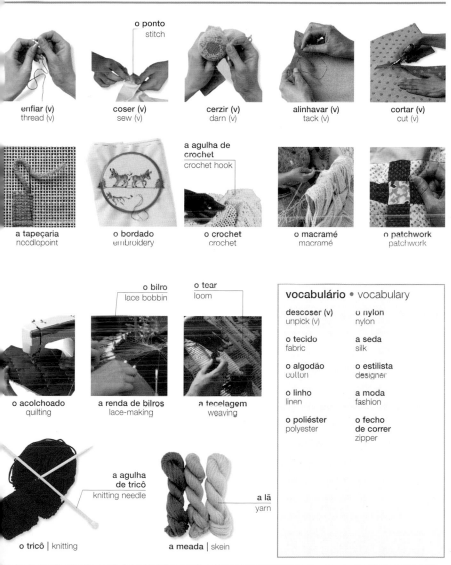

enfiar (v)
thread (v)

o ponto
stitch

coser (v)
sew (v)

cerzir (v)
darn (v)

alinhavar (v)
tack (v)

cortar (v)
cut (v)

a tapeçaria
needlepoint

o bordado
embroidery

a agulha de
crochet
crochet hook

o crochet
crochet

o macramé
macramé

o patchwork
patchwork

o bilro
lace bobbin

o tear
loom

o acolchoado
quilting

a renda de bilros
lace-making

a tecelagem
weaving

vocabulário • vocabulary

descoser (v)
unpick (v)

o nylon
nylon

o tecido
fabric

a seda
silk

o algodão
cotton

o estilista
designer

o linho
linen

a moda
fashion

o poliéster
polyester

o fecho
de correr
zipper

a agulha
de tricô
knitting needle

a lã
yarn

o tricô | knitting

a meada | skein

o ambiente
environment

o espaço • space

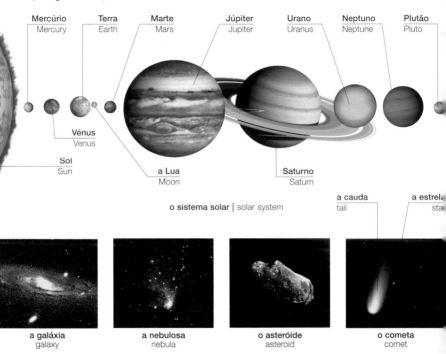

| Mercúrio | Terra | Marte | Júpiter | Urano | Neptuno | Plutão |
| Mercury | Earth | Mars | Jupiter | Uranus | Neptune | Pluto |

Vénus
Venus

Sol
Sun

a Lua
Moon

Saturno
Saturn

o sistema solar | solar system

a cauda
tail

a estrela
star

a galáxia
galaxy

a nebulosa
nebula

o asteróide
asteroid

o cometa
comet

vocabulário • vocabulary

o universo universe	**o buraco negro** black hole	**a lua cheia** full moon
a órbita orbit	**o planeta** planet	**a lua nova** new moon
a gravidade gravity	**o meteoro** meteor	**o quarto crescente** crescent moon

o eclipse | eclipse

a exploração espacial • space exploration

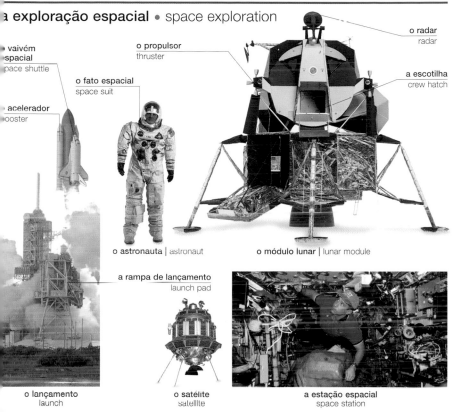

o radar
radar

o vaivém espacial
space shuttle

o propulsor
thruster

o fato espacial
space suit

a escotilha
crew hatch

o acelerador
booster

o astronauta | astronaut

o módulo lunar | lunar module

a rampa de lançamento
launch pad

o lançamento
launch

o satélite
satellite

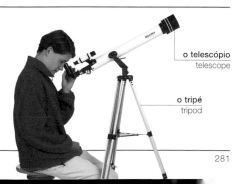

a estação espacial
space station

a astronomia • astronomy

a constelação
constellation

os binóculos
binoculars

o telescópio
telescope

o tripé
tripod

a Terra • Earth

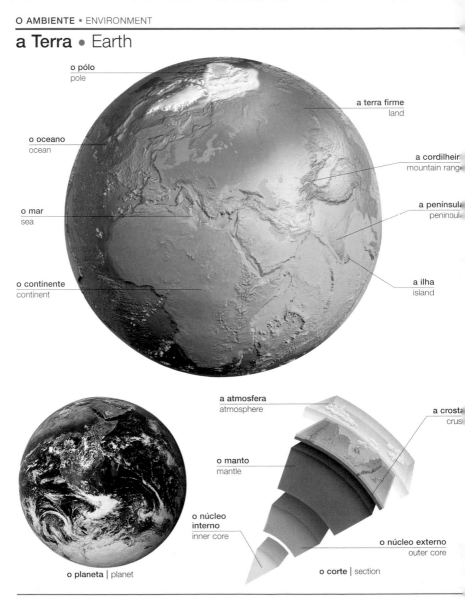

o pólo
pole

a terra firme
land

o oceano
ocean

a cordilheir
mountain rang

o mar
sea

a península
peninsula

o continente
continent

a ilha
island

a atmosfera
atmosphere

a crosta
crust

o manto
mantle

o núcleo
interno
inner core

o núcleo externo
outer core

o planeta | planet

o corte | section

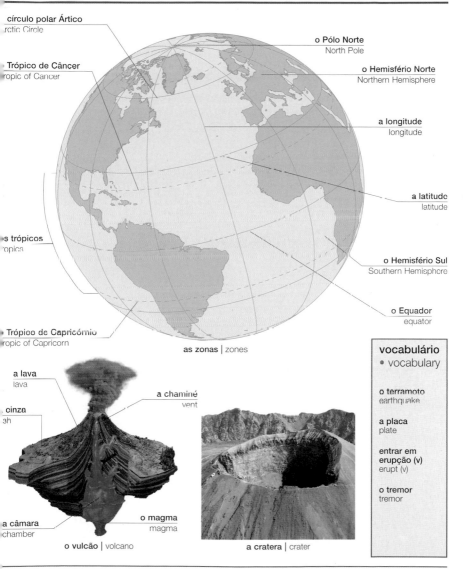

círculo polar Ártico
rctic Circle

o Pólo Norte
North Pole

Trópico de Câncer
ropic of Cancer

o Hemisfério Norte
Northern Hemisphere

a longitude
longitude

a latitude
latitude

s trópicos
ropics

o Hemisfério Sul
Southern Hemisphere

o Equador
equator

Trópico de Capricórnio
ropic of Capricorn

as zonas | zones

a lava
lava

a chaminé
vent

cinza
3h

a câmara
chamber

o magma
magma

o vulcão | volcano

a cratera | crater

vocabulário
• vocabulary

o terramoto
earthquake

a placa
plate

entrar em
erupção (v)
erupt (v)

o tremor
tremor

a paisagem • landscape

a montanha
mountain

a encosta
slope

a margem
bank

o rio
river

os rápidos
rapids

as rochas
rocks

o glaciar
glacier

o vale | valley

a colina
hill

o planalto
plateau

o desfiladeiro
gorge

a caverna
cave

a planície | plain

o deserto | desert

a floresta | forest

o bosque | woods

a floresta tropical
rain forest

o pântano
swamp

o prado
meadow

a pradaria
grassland

a queda de água
waterfall

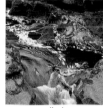
o ribeiro
stream

o lago
lake

o géiser
geyser

a costa
coast

o penhasco
cliff

o recife de coral
coral reef

o estuário
estuary

o clima • weather

a exosfera
exosphere

a aurora
aurora

a termosfera
thermosphere

a ionosfera
ionosphere

os raios
ultravioleta
ultraviolet rays

a mesosfera
mesosphere

a estratosfera
stratosphere

a camada de ozono
ozone layer

a atmosfera | atmosphere

a troposfera
troposphere

o sol | sunshine

o vento | wind

vocabulário • vocabulary

o granizo sleet	**o aguaceiro** shower	**muito quente** hot	**seco** dry	**ventoso** windy	**Tenho calor/frio.** I'm hot/cold.
o granizo hail	**soalheiro** sunny	**frio** cold	**chuvoso** wet	**o temporal** gale	**Está a chover.** It's raining.
o trovão thunder	**nublado** cloudy	**quente** warm	**húmido** humid	**a temperatura** temperature	**Estão... graus.** It's ... degrees.

a nuvem | cloud

a chuva | rain

o relâmpago
lightning

a tempestade | storm

a neblina | mist

o nevoeiro | fog

o arco-íris | rainbow

a neve | snow

a geada | frost

o gelo | ice

o sincelo
icicle

a vaga de frio | freeze

o furacão | hurricane

o tornado | tornado

a monção | monsoon

a inundação | flood

as rochas • rocks

ígneas • igneous

o granito
granite

a obsidiana
obsidian

o basalto
basalt

a pedra-pomes
pumice

sedimentares • sedimentary

o arenito
sandstone

a pedra calcária
limestone

o cré
chalk

a pederneira
flint

o conglomerado
conglomerate

o carvão
coal

metamórficas •
metamorphic

a ardósia
slate

o xisto
schist

o gnaisse
gneiss

o mármore
marble

as pedras preciosas • gems

o rubi
ruby

a ametista
amethyst

o azeviche
jet

a opala
opal

a pedra lunar
moonstone

a granada
garnet

o diamante
diamond

o topázio
topaz

a água-marinha
aquamarine

o jade
jade

a esmeralda
emerald

a safira
sapphire

a turmalina
tourmaline

s minerais • minerals

o quartzo	a mica	o enxofre	a hematite	a calcite
quartz	mica	sulfur	hematito	calcite

a malaquite	a turquesa	o ónix	a ágata	a grafite
malachite	turquoise	onyx	agate	graphite

s metais • metals

o ouro	a prata	a platina	o níquel	o ferro
gold	silver	platinum	nickel	iron

o cobre	o estanho	o alumínio	o mercúrio	o zinco
copper	tin	aluminium	mercury	zinc

os animais 1 • animals 1
os mamíferos • mammals

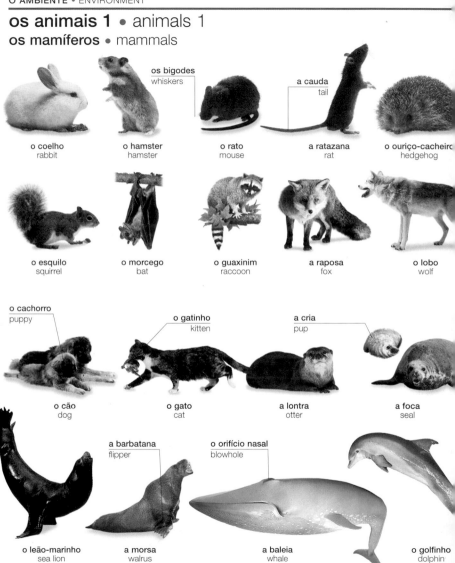

os bigodes
whiskers

a cauda
tail

o coelho
rabbit

o hamster
hamster

o rato
mouse

a ratazana
rat

o ouriço-cacheiro
hedgehog

o esquilo
squirrel

o morcego
bat

o guaxinim
raccoon

a raposa
fox

o lobo
wolf

o cachorro
puppy

o gatinho
kitten

a cria
pup

o cão
dog

o gato
cat

a lontra
otter

a foca
seal

a barbatana
flipper

o orifício nasal
blowhole

o leão-marinho
sea lion

a morsa
walrus

a baleia
whale

o golfinho
dolphin

a haste
antler

a crina
mane

a bossa
hump

o casco
hoof

o veado
deer

a zebra
zebra

a girafa
giraffe

o dromedário
camel

a tromba
trunk

as presas
tuck

o corno
horn

o hipopótamo
hippopotamus

o elefante
elephant

o rinoceronte
rhinoceros

o tigre
tiger

a juba
mane

o leão
lion

o macaco
monkey

o gorila
gorilla

o coala
koala

bolsa
ouch

a garra
claw

o panda
panda

o canguru
kangaroo

o urso
bear

o urso-polar
polar bear

os animais 2 • animals 2
as aves • birds

a cauda
tail

o canário
canary

o pardal
sparrow

o colibri
hummingbird

a andorinha
swallow

o corvo
crow

o pombo
pigeon

o pica-pau
woodpecker

o falcão
falcon

a coruja
owl

a gaivota
gull

a águia
eagle

o pelicano
pelican

o flamingo
flamingo

a cegonha
stork

a garça
crane

o pinguim
penguin

a avestruz
ostrich

o ganso | goose

o cisne
swan

os répteis • reptiles

as escamas
scales

o jacaré
alligator

o pavão
peacock

o faisão
pheasant

o lagarto
lizard

a iguana
iguana

o peru
turkey

a carapaça
shell

a tartaruga
turtle

o cágado
tortoise

ó bico
beak

a pena
feather

a cobra
snake

a asa
wing

a catatua
cockatoo

o focinho
snout

a garra
claw

o papagaio
parrot

o crocodilo
crocodile

os animais 3 • animals 3
os anfíbios • amphibians

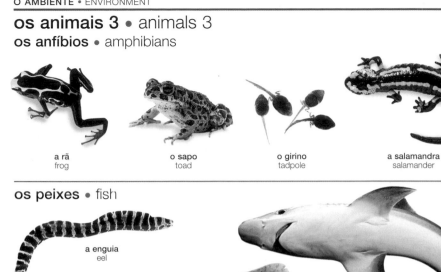

a rã
frog

o sapo
toad

o girino
tadpole

a salamandra
salamander

os peixes • fish

a enguia
eel

o tubarão
shark

o cavalo-marinho
sea horse

a raia ovípara
skate

a raia vivípara
ray

o peixe-dourado
goldfish

a barbatana dorsal
dorsal fin

a barbatana peitoral
pectoral fin

a cauda
tail

a guelra
gill

escama
scal

o peixe-espada | swordfish

a carpa koi | koi carp

os invertebrados • invertebrates

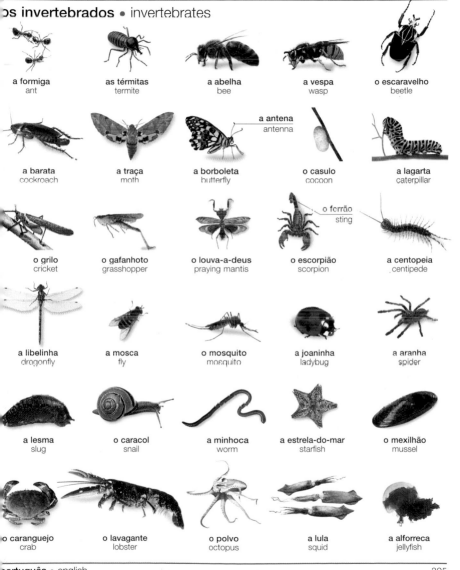

a formiga
ant

as térmitas
termite

a abelha
bee

a vespa
wasp

o escaravelho
beetle

a barata
cockroach

a traça
moth

a borboleta
butterfly

a antena
antenna

o casulo
cocoon

a lagarta
caterpillar

o grilo
cricket

o gafanhoto
grasshopper

o louva-a-deus
praying mantis

o escorpião
scorpion

o ferrão
sting

a centopeia
centipede

a libelinha
dragonfly

a mosca
fly

o mosquito
mosquito

a joaninha
ladybug

a aranha
spider

a lesma
slug

o caracol
snail

a minhoca
worm

a estrela-do-mar
starfish

o mexilhão
mussel

o caranguejo
crab

o lavagante
lobster

o polvo
octopus

a lula
squid

a alforreca
jellyfish

as plantas • plants

a árvore • tree

a folha
leaf

o ramo
branch

o raminho
twig

a casca
bark

o salgueiro
willow

a raiz
root

o tronco
trunk

o carvalho
oak

o choupo
poplar

o eucalipto
eucalyptus

o larício
larch

a faia
beech

a bétula
birch

o pinheiro
pine

o cedro
cedar

o ácer
maple

o olmo
elm

a tília
lime

o azevinho
holly

a baga
berry

a palmeira
palm

a planta de flor • flowering plant

flor
flower

o estame
stamen

a pétala
petal

cálice
calyx

o pedúnculo
stalk

o caule
stem

botão
bud

o ranúnculo
amarelo
buttercup

a margarida
daisy

o cardo
thistle

o dente-de-leão
dandelion

a urze
heather

a papoila
poppy

a dedaleira
foxglove

a madressilva
honeysuckle

o girassol
sunflower

o trevo
clover

as campainhas
bluebells

a prímula
primrose

os lupinos
lupines

a urtiga
nettle

a cidade • city

a rua
street

a berma do passeio
curb

a esquina
street corner

a loja
store

o cruzamento
intersectio

a rua d
sentido únic
one-wa
syster

o passei
sidewal

o edifício d
escritório
office buildin

o prédio d
apartamento
apartmen
buildin

a viela
alley

o parque de
estacionamento
parking lot

o sinal de trânsito
street sign

o meco
barrier

o lampiã
streetligh

s edifícios • buildings

a câmara municipal
town hall

a biblioteca
library

o cinema
movie theater

o teatro
theater

a universidade
university

o arranha-céus
skyscraper

as zonas • areas

a zona industrial
industrial park

a cidade
city

a escola
school

a periferia
suburb

a aldeia
village

---

vocabulário • vocabulary

a zona pedonal pedestrian zone	**a rua lateral** side street	**a boca de esgotos** manhole	**a valeta** gutter	**a igreja** church
a avenida avenue	**a praça** square	**a paragem de autocarro** bus stop	**a fábrica** factory	**o esgoto** drain

a arquitectura • architecture

os edifícios e as estruturas • buildings and structures

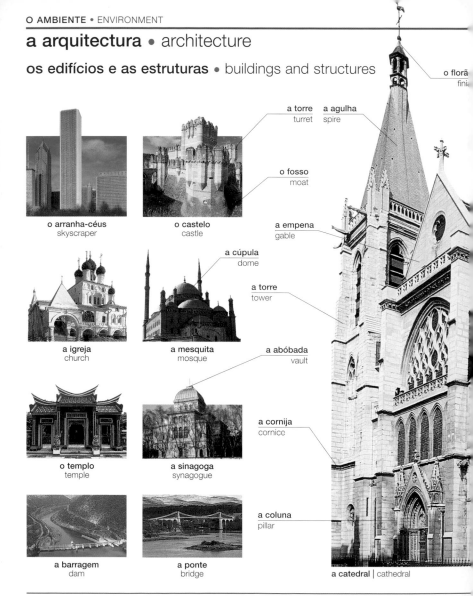

o florã
fini

a torre
turret

a agulha
spire

o arranha-céus
skyscraper

o castelo
castle

o fosso
moat

a empena
gable

a cúpula
dome

a torre
tower

a igreja
church

a mesquita
mosque

a abóbada
vault

a cornija
cornice

o templo
temple

a sinagoga
synagogue

a coluna
pillar

a barragem
dam

a ponte
bridge

a catedral | cathedral

os estilos • styles

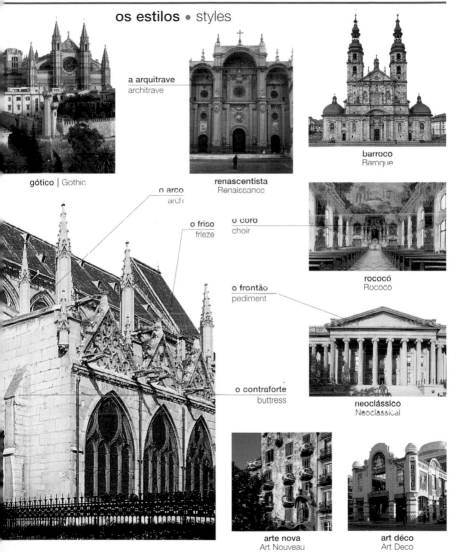

gótico | Gothic

a arquitrave
architrave

renascentista
Renaissance

barroco
Baroque

o arco
arch

o friso
frieze

o coro
choir

rococó
Rococo

o frontão
pediment

o contraforte
buttress

neoclássico
Neoclassical

arte nova
Art Nouveau

art déco
Art Deco

referência
reference

as horas • time

o ponteiro
dos minutos
minute hand

o ponteiro
das horas
hour hand

o relógio
clock

vocabulário • vocabulary

o segundo	agora	um quarto de hora
second	now	a quarter of an hour
o minuto	mais tarde	vinte minutos
minute	later	twenty minutes
a hora	meia hora	quarenta minutos
hour	half an hour	forty minutes

Que horas são?
What time is it?

São três horas.
It's three o'clock.

uma e cinco
five past one

uma e dez
ten past one

uma e um quarto
quarter past one

uma e vinte
twenty past one

o ponteiro dos
segundos
second hand

uma e vinte e cinco
twenty-five past one

uma e meia
one thirty

vinte e cinco
para as duas
twenty-five to two

vinte para as duas
twenty to two

um quarto para as duas
quarter to two

dez para as duas
ten to two

cinco para as duas
five to two

duas horas
two o'clock

a noite e o dia • night and day

a meia-noite
midnight

o nascer do sol
sunrise

a aurora
dawn

a manhã
morning

o pôr-do-sol
sunset

o meio-dia
noon

o anoitecer
dusk

a noite
evening

a tarde
afternoon

vocabulário • vocabulary

cedo early	**Chegaste cedo.** You're early.	**Por favor, sê pontual.** Please be on time.	**A que horas termina?** What time does it end?
a horas on time	**Estás atrasado.** You're late.	**Até logo.** I'll see you later.	**Está a ficar tarde.** It's getting late.
atrasado late	**Chegarei daqui a pouco.** I'll be there soon.	**A que horas começa?** What time does it start?	**Quanto tempo vai durar?** How long will it last?

o **calendário** • calendar

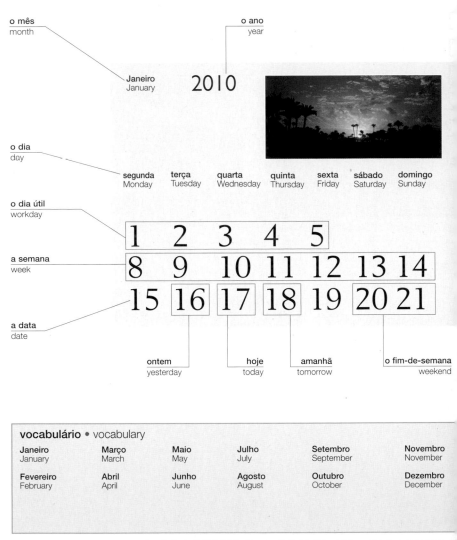

o mês
month

o ano
year

Janeiro
January

2010

o dia
day

segunda	terça	quarta	quinta	sexta	sábado	domingo
Monday	Tuesday	Wednesday	Thursday	Friday	Saturday	Sunday

o dia útil
workday

a semana
week

a data
date

1	2	3	4	5		
8	9	10	11	12	13	14
15	16	17	18	19	20	21

ontem
yesterday

hoje
today

amanhã
tomorrow

o fim-de-semana
weekend

---

vocabulário • vocabulary

Janeiro	**Março**	**Maio**	**Julho**	**Setembro**	**Novembro**
January	March	May	July	September	November
Fevereiro	**Abril**	**Junho**	**Agosto**	**Outubro**	**Dezembro**
February	April	June	August	October	December

os anos • years

1900   **mil e novecentos** • nineteen hundred

1901   **mil novecentos e um** • nineteen hundred and one

1910   **mil novecentos e dez** • nineteen ten

2000   **dois mil** • two thousand

2001   **dois mil e um** • two thousand and one

as estações • seasons

a primavera
spring

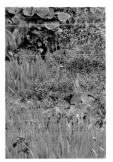
o verão
summer

o outono
fall

o inverno
winter

vocabulário • vocabulary

o século
century

a década
decade

o milénio
millennium

a quinzena
two weeks

esta semana
this week

a semana passada
last week

a próxima semana
next week

anteontem
the day before yesterday

depois de amanhã
the day after tomorrow

semanal
weekly

mensal
monthly

anual
annual

Que dia é hoje?
What's the date today?

Hoje é o dia sete de fevereiro de dois mil e dezassete.
It's February seventh, two thousand and seventeen.

os números • numbers

0	zero • zero	20	vinte • twenty
1	um • one	21	vinte e um • twenty-one
2	dois • two	22	vinte e dois • twenty-two
3	três • three	30	trinta • thirty
4	quatro • four	40	quarenta • forty
5	cinco • five	50	cinquenta • fifty
6	seis • six	60	sessenta • sixty
7	sete • seven	70	setenta • seventy
8	oito • eight	80	oitenta • eighty
9	nove • nine	90	noventa • ninety
10	dez • ten	100	cem • one hundred
11	onze • eleven	110	cento e dez • one hundred and ten
12	doze • twelve	200	duzentos • two hundred
13	treze • thirteen	300	trezentos • three hundred
14	catorze • fourteen	400	quatrocentos • four hundred
15	quinze • fifteen	500	quinhentos • five hundred
16	dezasseis • sixteen	600	seiscentos • six hundred
17	dezassete • seventeen	700	setecentos • seven hundred
18	dezoito • eighteen	800	oitocentos • eight hundred
19	dezanove • nineteen	900	novecentos • nine hundred

1,000 : **mil** • one thousand

10,000 : **dez mil** • ten thousand

20,000 : **vinte mil** • twenty thousand

50,000 : **cinquenta mil** • fifty thousand

55,500 : **cinquenta e cinco mil e quinhentos** • fifty-five thousand five hundred

100,000 : **cem mil** • one hundred thousand

1,000,000 : **um milhão** • one million

1,000,000,000 : **mil milhões** • one billion

primeiro / first
segundo / second
terceiro / third

quarto • fourth

quinto • fifth

sexto • sixth

sétimo • seventh

oitavo • eighth

nono • ninth

décimo • tenth

décimo primeiro • eleventh

décimo segundo • twelfth

décimo terceiro • thirteenth

décimo quarto • fourteenth

décimo quinto • fifteenth

décimo sexto • sixteenth

décimo sétimo • seventeenth

décimo oitavo • eighteenth

décimo nono • nineteenth

vigésimo • twentieth

vigésimo primeiro • twenty-first

vigésimo segundo • twenty-second

vigésimo terceiro • twenty-third

trigésimo • thirtieth

quadragésimo • fortieth

quinquagésimo • fiftieth

sexagésimo • sixtieth

septuagésimo • seventieth

octogésimo • eightieth

nonagésimo • ninetieth

centésimo • (one) hundredth

os pesos e as medidas • weights and measures

a área • area

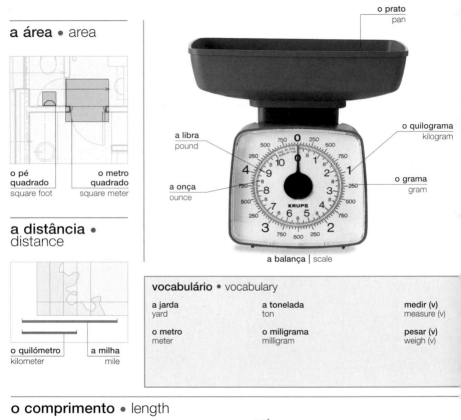

o pé quadrado
square foot

o metro quadrado
square meter

a distância • distance

o quilómetro
kilometer

a milha
mile

o prato
pan

a libra
pound

a onça
ounce

o quilograma
kilogram

o grama
gram

KRUPS

a balança | scale

vocabulário • vocabulary

a jarda yard	a tonelada ton	medir (v) measure (v)
o metro meter	o miligrama milligram	pesar (v) weigh (v)

o comprimento • length

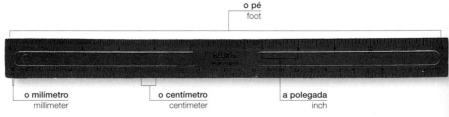

o pé
foot

HELIX

o milímetro
millimeter

o centímetro
centimeter

a polegada
inch

a capacidade • capacity

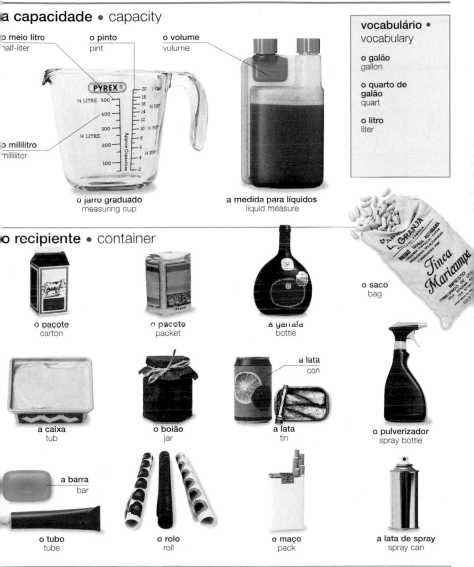

o meio litro
half-liter

o pinto
pint

o volume
volume

o mililitro
millilitor

o jarro graduado
measuring cup

a medida para líquidos
liquid measure

o recipiente • container

o pacote
carton

o pacote
packet

a garrafa
bottle

o saco
bag

a caixa
tub

o boião
jar

a lata
can

a lata
tin

o pulverizador
spray bottle

a barra
bar

o tubo
tube

o rolo
roll

o maço
pack

a lata de spray
spray can

o mapa mundial • world map

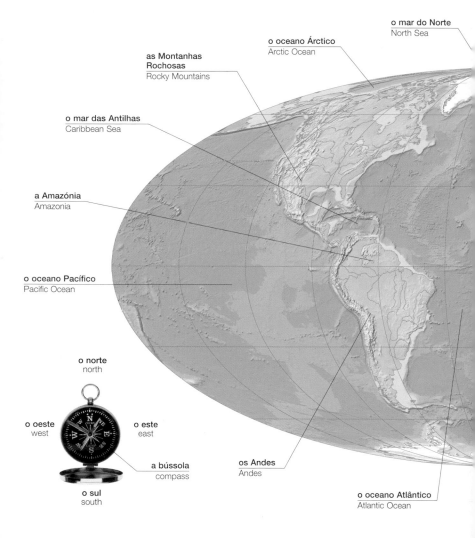

o mar do Norte
North Sea

o oceano Árctico
Arctic Ocean

as Montanhas
Rochosas
Rocky Mountains

o mar das Antilhas
Caribbean Sea

a Amazónia
Amazonia

o oceano Pacífico
Pacific Ocean

o norte
north

o oeste
west

o este
east

a bússola
compass

os Andes
Andes

o sul
south

o oceano Atlântico
Atlantic Ocean

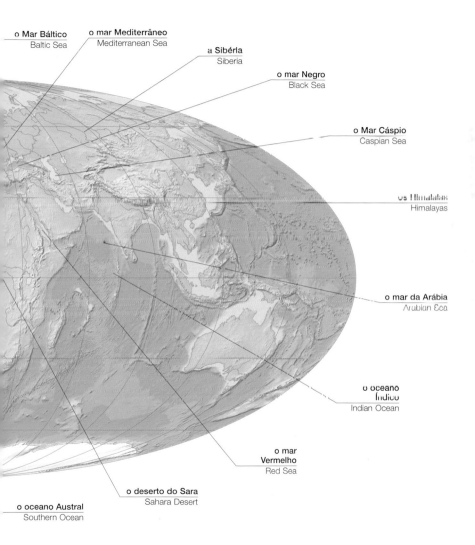

o Mar Báltico
Baltic Sea

o mar Mediterrâneo
Mediterranean Sea

a Sibéria
Siberia

o mar Negro
Black Sea

o Mar Cáspio
Caspian Sea

os Himalaias
Himalayas

o mar da Arábia
Arabian Sea

o oceano
Índico
Indian Ocean

o mar
Vermelho
Red Sea

o deserto do Sara
Sahara Desert

o oceano Austral
Southern Ocean

América do Norte e Central •
North and Central America

Barbados • Barbados

Canadá • Canada

Costa Rica • Costa Rica

Cuba • Cuba

Jamaica • Jamaica

México • Mexico

Panamá • Panama

Trindade e Tobago • Trinidad and Tobago

Estados Unidos da América • United States of America

Alasca • Alaska

Antígua e Barbuda • Antigua and Barbuda

Baamas • Bahamas

Barbados • Barbados

Belize • Belize

Canadá • Canada

Costa Rica • Costa Rica

Cuba • Cuba

Dominica • Dominica

El Salvador • El Salvador

Estados Unidos da América • United States of America

Granada • Grenada

Gronelândia • Greenland

Guatemala • Guatemala

Haiti • Haiti

Havai • Hawaii

Honduras • Honduras

Jamaica • Jamaica

México • Mexico

Nicarágua • Nicaragua

Panamá • Panama

Porto Rico • Puerto Rico

República Dominicana • Dominican Republic

Santa Lúcia • St. Lucia

São Vicente e Granadinas • St. Vincent and The Grenadines

St. Kitts e Nevis • St. Kitts and Nevis

Trindade e Tobago • Trinidad and Tobago

América do Sul • South America

Argentina • Argentina

Bolívia • Bolivia

Brasil • Brazil

Chile • Chile

Colômbia • Colombia

Equador • Ecuador

Peru • Peru

Uruguai • Uruguay

Venezuela • Venezuela

Argentina • Argentina
Bolívia • Bolivia
Brasil • Brazil
Chile • Chile
Colômbia • Colombia
Equador • Ecuador
Guiana • Guyana
Guiana Francesa • French Guiana
Ilhas Galápagos • Galápagos Islands
Ilhas Malvinas • Falkland Islands
Paraguai • Paraguay

Peru • Peru
Suriname • Suriname
Uruguai • Uruguay
Venezuela • Venezuela

vocabulário • vocabulary

o país country	**a colónia** colony
a nação nation	**o principado** principality
o estado state	**a zona** zone
o continente continent	**o distrito** district
a província province	**a região** region
o território territory	**a capital** capital

Europa • Europe

França • France

Alemanha • Germany

Itália • Italy

Polónia • Poland

Portugal • Portugal

Espanha • Spain

Albânia • Albania

Alemanha • Germany

Andorra • Andorra

Áustria • Austria

Bélgica • Belgium

Bielorrússia • Belarus

Bósnia-Herzegovina • Bosnia and Herzegovina

Bulgária • Bulgaria

Cidade do Vaticano • Vatican City

Córsega • Corsica

Croácia • Croatia

Dinamarca • Denmark

Eslováquia • Slovakia

Eslovénia • Slovenia

Espanha • Spain

Estónia • Estonia

Federação Russa • Russian Federation

Finlândia • Finland

França • France

Grécia • Greece

Hungria • Hungary

Ilhas Baleares • Balearic Islands

Irlanda • Ireland

Islândia • Iceland

Itália • Italy

Kaliningrado • Kaliningrad

Kosovo • Kosovo

Letónia • Latvia

Liechtenstein • Liechtenstein

Lituânia • Lithuania

Luxemburgo • Luxembourg

Macedónia • Macedonia

Malta • Malta

Moldávia • Moldova

Mónaco • Monaco

Montenegro • Montenegro

Noruega • Norway

Países Baixos • Netherlands

Polónia • Poland

Portugal • Portugal

Reino Unido • United Kingdom

República Checa • Czech Republic

Roménia • Romania

San Marino • San Marino

Sardenha • Sardinia

Sérvia • Serbia

Sicília • Sicily

Suécia • Sweden

Suíça • Switzerland

Ucrânia • Ukraine

África • Africa

Egipto • Egypt

Etiopía • Ethiopia

Kenia • Kenya

Nigeria • Nigeria

Sudáfrica • South Africa

Uganda • Uganda

África do Sul • South Africa

Angola • Angola

Argélia • Algeria

Benim • Benin

Botsuana • Botswana

Burquina Faso • Burkina Faso

Burundi • Burundi

Cabinda • Cabinda

Camarões • Cameroon

Chade • Chad

Comores • Comoros

Congo • Congo

Costa do Martim • Ivory Coast

Djibuti • Djibouti

Egipto • Egypt

Eritreia • Eritrea

Etiópia • Ethiopia

Gabão • Gabon

Gâmbia • Gambia

Gana • Ghana

Guiné • Guinea

Guiné-Bissau • Guinea-Bissau

Guiné Equatorial • Equatorial Guinea

Lesoto • Lesotho

Libéria • Liberia

Líbia • Libya

Madagáscar • Madagascar

Malawi • Malawi

Mali • Mali

Marrocos • Morocco

Maurícias • Mauritius

Mauritânia • Mauritania

Moçambique • Mozambique

Namíbia • Namibia

Níger • Niger

Nigéria • Nigeria

Quénia • Kenya

República Centro-Africana • Central African Republic

República Democrática do Congo • Democratic Republic of the Congo

Ruanda • Rwanda

São Tomé e Príncipe • São Tomé and Principe

Sara Ocidental • Western Sahara

Senegal • Senegal

Serra Leoa • Sierra Leone

Somália • Somalia

Suazilândia • Swaziland

Sudão • Sudan

Sudão do Sul • South Sudan

Tanzânia • Tanzania

Togo • Togo

Tunísia • Tunisia

Uganda • Uganda

Zâmbia • Zambia

Zimbabué • Zimbabwe

Ásia • Asia

Bangladeche • Bangladesh

China • China

Índia • India

Japão • Japan

Jordânia • Jordan

Filipinas • Philippines

Coreia do Sul •
South Korea

Tailândia • Thailand

Turquia • Turkey

Afeganistão • Afghanistan
Arábia Saudita • Saudi Arabia
Arménia • Armenia
Azerbaijão • Azerbaijan
Bangladeche • Bangladesh
Barém • Bahrain
Brunei • Brunei
Butão • Bhutan
Camboja • Cambodia
Cazaquistão • Kazakhstan
China • China
Chipre • Cyprus
Coreia do Norte • North Korea
Coreia do Sul • South Korea
Emirados Árabes Unidos •
United Arab Emirates

Fiji • Fiji
Filipinas • Philippines
Geórgia • Georgia
Iémen • Yemen
Ilhas Salomão • Solomon
Islands
Índia • India
Indonésia • Indonesia
Irão • Iran
Iraque • Iraq
Israel • Israel
Japão • Japan
Jordânia • Jordan
Kuwait • Kuwait
Laos • Laos
Líbano • Lebanon

Malásia • Malaysia
Maldivas • Maldives
Mongólia • Mongolia
Myanmar (Birmânia) • Myanma
(Burma)
Nepal • Nepal
Omã • Oman
Papua-Nova Guiné • Papua
New Guinea
Paquistão • Pakistan
Qatar • Qatar
Quirguistão • Kyrgyzstan
Singapura • Singapore
Síria • Syria
Sri Lanka • Sri Lanka
Tailândia • Thailand

Australásia •
Australasia

donésia • Indonesia

rábia Saudita •
audi Arabia

ietname • Vietnam

ajiquistão • Tajikistan
imor-Leste • East Timor
urquemenistão • Turkmenistan
urquia • Turkey
sbequistão • Uzbekistan
anuatu • Vanuatu
ietname • Vietnam

Austrália • Australia

Nova Zelândia • New Zealand

Austrália • Australia
Nova Zelândia • New Zealand
Tasmânia • Tasmania

advérbios e antónimos • particles and antonyms

a, para to	**de, desde** from	**para** for	**em direção a** toward
em cima de over	**debaixo de** under	**ao longo de** along	**através de** across
em frente de in front of	**atrás de** behind	**com** with	**sem** without
sobre onto	**dentro de** into	**antes** before	**depois de** after
em in	**fora** out	**por** by	**até** until
acima de above	**por baixo, abaixo de** below	**cedo** early	**tarde** late
dentro inside	**fora** outside	**agora** now	**mais tarde** later
acima up	**abaixo** down	**sempre** always	**nunca** never
em at	**para além de** beyond	**frequentemente** often	**raramente** rarely
através de through	**cerca de** around	**ontem** yesterday	**amanhã** tomorrow
em cima de on top of	**ao lado de** beside	**primeiro** first	**último** last
entre between	**em frente de** opposite	**cada** every	**alguns** some
perto near	**longe** far	**cerca de** about	**exactamente** exactly
aqui here	**ali** there	**um pouco** a little	**muito** a lot

| grande | pequeno | quente | frio |
| large | small | hot | cold |

| argo | estreito | aberto | fechado |
| wide | narrow | open | closed |

| lto | baixo | cheio | vazio |
| tall | short | full | empty |

| lto | baixo | novo | velho |
| high | low | new | old |

| rosso | fino | claro | escuro |
| thick | thin | light | dark |

| eve | pesado | fácil | difícil |
| light | heavy | easy | difficult |

| uro | macio | livre | ocupado |
| hard | soft | free | occupied |

| olhado | seco | forte | fraco |
| wet | dry | strong | weak |

| om | mau | gordo | magro |
| good | bad | fat | thin |

| ápido | lento | jovem | velho |
| fast | slow | young | old |

| erto | errado | melhor | pior |
| correct | wrong | better | worse |

| mpo | sujo | preto | branco |
| clean | dirty | black | white |

| onito | feio | interessante | aborrecido |
| beautiful | ugly | interesting | boring |

| aro | barato | doente | bem |
| expensive | cheap | sick | well |

| ilencioso | barulhento | início | fim |
| quiet | noisy | beginning | end |

frases úteis • useful phrases

frases essenciais •
essential phrases

Sim
Yes

Não
No

Talvez
Maybe

Por favor
Please

Obrigado(a)
Thank you

De nada
You're welcome

Com licença
Excuse me

Desculpe
I'm sorry

Não
Don't

OK
OK

Está bem
That's fine

Está certo
That's correct

Está mal/errado
That's wrong

saudações •
greetings

Olá
Hello

Adeus
Goodbye

Bom dia
Good morning

Boa tarde
Good afternoon

Boa noite
Good evening

Boa noite
Good night

Como está?
How are you?

O meu nome é…
My name is …

Como se chama?
What Is your name?

**Como se chama
ele/ela?**
What is his/her
name?

Apresento-lhe…
May I introduce …

Este/Esta é…
This is …

É um prazer conhecê-lo
Pleased to meet you

Até logo
See you later

sinais • signs

Posto de turismo
Tourist information

Entrada
Entrance

Saída
Exit

Saída de emergência
Emergency exit

Empurrar
Push

Perigo
Danger

Proibido fumar
No smoking

Avariado
Out of order

Horário de funcionamento
Opening times

Entrada livre
Free admission

Reduzido
Reduced

Saldos
Sale

Bata antes de entrar
Knock before entering

Proibido pisar a relva
Keep off the grass

ajuda • help

Pode ajudar-me?
Can you help me?

Não compreendo
I don't understand

Não sei
I don't know

Fala inglês?
Do you speak English?

Eu falo inglês
I speak English

**Por favor, fale mais
devagar**
Please speak more
slowly

**Pode-me escrever isso,
por favor?**
Please write it down
for me

Perdi…
I have lost …

Indicações • directions

Estou perdido(a)
I am lost

Onde fica...?
Where is the ...?

Onde fica o/a... mais próximo/a?
Where is the nearest ...?

Onde é a casa de banho?
Where is the restroom?

Como vou para...?
How do I get to ...?

À direita
To the right

À esquerda
To the left

Sempre em frente
Straight ahead

A que distância fica o/a...?
How far is ...?

os sinais de trânsito • road signs

Atenção
Caution

Proibida a entrada
Do not enter

Abrandar
Slow down

Desvio
Detour

Circular pela direita
Keep right

Autoestrada
Freeway

Proibido estacionar
No parking

Rua sem saída
Dead end

Sentido único
One-way street

Ceder passagem
Yield

Apenas moradores
Residents only

Obras na estrada
Roadwork

Curva perigosa
Dangerous curve

alojamento • accommodation

Tenho uma reserva
I have a reservation

Onde é a sala de refeições?
Where is the dining room?

A que horas é o pequeno-almoço?
What time is breakfast?

Voltarei às... horas
I'll be back at ... o'clock

Vou embora amanhã
I'm leaving tomorrow

comida e bebida • eating and drinking

Saúde!
Cheers!

Está delicioso/horrível
It's delicious/awful

Não bebo/fumo
I don't drink/smoke

Não como carne
I don't eat meat

Para mim chega, obrigado(a)
No more for me, thank you

Posso repetir?
May I have some more?

Pode trazer-nos a conta?
May we have the check?

Pode dar-me um recibo?
Can I have a receipt?

Zona de fumadores
Smoking area

saúde • health

Não me sinto bem
I don't feel well

Tenho náuseas
I feel sick

Dói-me aqui
It hurts here

Tenho febre
I have a fever

Estou grávida de... meses
I'm ... months pregnant

Preciso de uma receita de...
I need a prescription for ...

Normalmente tomo...
I normally take ...

Sou alérgico à...
I'm allergic to ...

Ele/ela vai ficar bem?
Will he/she be alright?

Índice português • Portuguese index

português

português

português

português

português

português

português

português

português

Índice inglês • English index

english

english

english

english

english

english

english

N

naan bread 139
nail 15, 80
nail clippers 41
nail file 41
nail scissors 41
nail polish 41
nail polish
    remover 41
Namibia 317
nape 13
napkin 65
napkin ring 65
nappy rash cream 74
narrow 321
nation 315
national park 261
natural 256
natural fiber 31
naturopathy 55
nausea 44
navel 12
navigate v 240
near 320
nearsighted 51
nebula 280
neck 12, 258
neck brace 46
necklace 36
nectarine 126
needle 109, 276
needle-nose
    pliers 80
needle plate 276
needlepoint 277
negative 271
negative electrode
    167
neighbor 24
Neoclassical 301
Nepal 318
nephew 23
Neptune 280
nerve 19, 50
nervous 19, 25
net 217, 222, 226,
    227, 231
net v 245
Netherlands 316
nettle 297
network 176
neurology 49
neutral 60
neutral zone 224
new 321
new moon 280
new potato 124
New Year 27
New Zealand 319
newborn baby 53
news 178
newsstand 112
newspaper 112

next week 306
nib 163
Nicaragua 314
nickel 289
niece 23
Niger 317
Nigeria 317
night 305
nightgown 31, 35
nightwear 31
nightstand 70
nightstick 94
nine 308
nine hundred 308
nineteen 308
nineteen hundred
    307
nineteen hundred and
    one 307
nineteen ten 307
nineteenth 309
ninetieth 309
ninety 308
ninth 309
nipple 12, 75
no 322
no right turn 195
no stopping 195
nonstick 69
noodles 158
noon 305
normal 39
north 312
North and Central
    America 314
North Korea 318
North Pole 283
North Sea 312
Northern
    Hemisphere 283
Norway 316
nose 14, 210
nose clip 238
noseband 242
nosebleed 44
nosewheel 210
nostril 14
notation 256
note 256
notebook 163, 172
notepad 173
notes 191
notions 105
nougat 113
November 306
now 304
nozzle 89
number 226, 308
numerator 165
nurse 45, 48, 189
nursery 74
nursing 53
nursing bra 53
nursing pads 53

nut 80
nutmeg 132
nuts 151
nuts and dried
    fruit 129
nylon 277

O

oak 296
oar 241
oatmeal 157
oats 130
objective lens 167
oboe 257
obsidian 288
obstetrician 52
occupations 188,
    190
occupied 321
ocean 282
ocean liner 215
octagon 164
October 306
octopus 121, 295
odometer 201
off-piste 247
off-ramp 194
office 24, 172, 174
office building 298
office equipment 172
office supplies 173
offside 223
oil 142, 199
oil paint 274
oil tank 204
oil tanker 215
oils 134
oily 41
ointment 47, 109
okra 122
old 321
olive oil 134
olives 151
Oman 318
omelet 158
on-ramp 194
on time 305
on top of 320
oncology 49
one 308
one billion 309
one million 309
one thousand 309
one-way street
    194
one-way system
    298
onesie 30
onion 124
online 177
onto 320
onyx 289
opal 288

open 260, 321
open-faced
    sandwich 155
open-top 260
opening night 254
opera 255
operating room 48
operation 48
operator 99
ophthalmology 49
opponent 236
opposite 320
optic nerve 51
optometrist 51, 189
orange 126, 274
orange juice 148
orangeade 144
orbit 280
orchestra 256
orchestra pit 254
orchestra seats 254
orchid 111
order v 153
oregano 133
organic 91, 118, 122
organic waste 61
origami 275
ornamental 87
orthopedics 49
osteopathy 54
ostrich 292
otter 290
ounce 310
out 225, 228, 320
out of bounds 226
out of focus 271
outboard motor 215
outbuilding 182
outdoor activities
    262
outer core 282
outfield 229
outlet 60, 61
outpatient 48
outside 320
out-tray 172
oval 164
ovary 20
oven 66
oven mitt 69
ovenproof 69
over 320
over par 233
overalls 30
overdraft 96
overexposed 271
overflow pipe 61
overhead bin 210
overpass 194
overture 256
ovulation 20, 52
owl 292
oyster 121
ozone layer 286

P

Pacific Ocean 312
pack 311
pack of cigarettes 112
package 99
packet 311
pad 220, 224
paddle 231, 241
paddock 242
pail 265
painkillers 47, 109
paint 83
paint v 83
paint can 83
paint thinner 83
paint tray 83
painter 191
painting 62, 261, 274
paints 274
pajamas 33
Pakistan 318
palate 19
palette 274
pallet 186
palm 15, 86, 296
palm hearts 122
pan 310
pan fried 159
Panama 314
pancreas 18
panda 291
panties 35
pants 32, 34
panty hose 35, 251
panty liner 108
papaya 128
paper clip 173
paper napkin 154
paper tray 172
papier-maché 275
paprika 132
Papua New
    Guinea 319
par 233
parachute 248
parachuting 248
paragliding 248
Paraguay 315
parallel 165
parallel bars 235
parallelogram 164
paramedic 94
parents 23
park 262
park v 195
parka 31, 33
parking brake 203
parking lot 298
parking meter 195
Parmesan 142
parole 181
parrot 293
parsley 133

english

english

english

english

agradecimentos • acknowledgments

DORLING KINDERSLEY would like to thank Christine Lacey for design assistance, Georgina Garner for editorial and administrative help, Kopal Agarwal, Polly Boyd, Sonia Gavira, Cathy Meeus, Antara Raghavan, and Priyanka Sharma for editorial help, Claire Bowers for compiling the DK picture credits, Nishwan Rasool for picture research, and Suruchi Bhatia, Miguel Cunha, Mohit Sharma, and Alex Valizadeh for app development and creation.

The publisher would like to thank the following for their kind permission to reproduce their photographs:
Abbreviations key: a-above; b-below/bottom; c-center; f-far; l-left; r-right; t-top)

123RF.com: Andriy Popov 34tl; Brad Wynnyk 172bc; Daniel Ernst 179tc; Hongqi Zhang 24cla, 175cr; Ingvar Bjork 60c; Kobby Dagan 259c; leonardo255 269c; Liubov Vadimovna (Luba) Nel 39cla; Ljupco Smokovski 75crb; Oleksandr Marynchenko 60bl; Olga Popova 33c; oneblink 49bc; Robert Churchill 94c; Roman Gorielov 33bc; Ruslan Kudrin 35bc, 35br; Subbotina 39cra; Sutichak Yachiaingkham 39tc, Tarzhanova 37tc; Vitaly Valua 39tl; Wavebreak Media Ltd 188bl; Wilawan Khasawong 75cb; **Action Plus:** 224bc; **Alamy Images:** 154t; A.T. Willett 287bcl; Alex Segre 105ca, 195cl; Ambrophoto 24cra; Blend Images 168cr; Cultura RM 33r; Doug Houghton 107fbr; Hugh Threlfall 35tl; 176tr; Ian Allenden 48br; Ian Dagnall 270t; Levgen Chepil 250bc; Imagebroker 199tl, 249c; Keith Morris 178c; Martyn Evans 210b; MBI 175tl; Michael Burrell 213cra; Michael Foyle 184bl; Oleksiy Maksymenko 105tc; Paul Weston 168br; Prisma Bildagentur AG 246b; Radharc Images 197tr; RBtravel 112tl; Ruslan Kudrin 176tl; Sasa Huzjak 258t; Sergey Kravchenko 37ca; Sergio Azenha 270bc; Stanca Sanda (iPad is a trademark of Apple Inc., registered in the U.S. and other countries) 176bc; Stock Connection 287bcr; tarczas 35cr; Vitaly Suprun 176cl; Wavebreak Media ltd 39cl, 174b, 175tr; **Allsport/Getty Images:** 238cl; **Alvey and Towers:** 209 acr, 215bcl, 215bcr, 241cr; **Peter Anderson:** 188cbr, 271br. **Anthony Blake Photo Library:** Charlie Stebbings 114cl; John Sims 114tcl; **Andyalte:** 98tl; **Arcaid:** John Edward Linden 301bl; Martine Hamilton Knight, Architects: Chapman Taylor Partners, 213cl; Richard Bryant 301br; **Argos:** 41tcl, 66cbl, 66cl, 66br, 66bcl, 69cl, 70bcl, 71t, 77tl, 269tc, 270tl; **Axiom:** Eitan Simanor 105bcr; Ian Cumming 104; Vicki Couchman 148cr; **Beken Of Cowes Ltd:** 215cbc; **Bosch:** 76tcr, 76tc, 76tcl; **Camera Press:** 38tr, 256t, 257cr; Barry J. Holmes 148tr; Jane Hanger 159cr; Mary Germanou 259bc; **Corbis:** 78b; Anna Clopet 247tr; Ariel Skelley / Blend Images 52l; Bettmann 181tl, 181br; Blue Jean Images 48bl; Bo Zauders 156t; Bob Rowan 152bl; Bob Winsett 247cbl; Brian Bailey 247br; Chris Rainer 247ctl; Craig Aurness 215bcl; David H.Wells 249cbr; Dennis Marsico 274bl;

Dimitri Lundt 236bc; Duomo 211tl; Gail Mooney 277ctcr; George Lepp 248c; Gerald Nowak 239b; Gunter Marx 248cr; Jack Hollingsworth 231bl; Jacqui Hurst 277cbr; James L. Amos 247bl, 191ctr, 220bcr; Jan Butchofsky 277cbc; Johnathan Blair 243cr; Jose F. Poblete 191br; Jose Luis Pelaez.Inc 153tc; Karl Weatherly 220bl, 247tcr; Kelly Mooney Photography 259tl; Kevin Fleming 249bc; Kevin R. Morris 105tr, 243tl, 243tc; Kim Sayer 249tcr; Lynn Goldsmith 258t; Macduff Everton 231bcl; Mark Gibson 249bl; Mark L. Stephenson 249tcl; Michael Pole 115tr; Michael S. Yamashita 247ctcl; Mike King 247cbl; Neil Rabinowitz 214br; Pablo Corral 115bc; Paul A. Sounders 169br, 249ctcl; Paul J. Sutton 224c, 224br; Phil Schermeister 227b, 248tr; R. W Jones 309; Richard Morrell 189bc; Rick Doyle 241ctr; Robert Holmes 97br, 277ctc; Roger Ressmeyer 169tr; Russ Schleipman 229; The Purcell Team 211ctr; Vince Streano 194t; Wally McNamee 220br, 220bcl, 224bl; Wavebreak Media LTD 191bc; Yann Arhus-Bertrand 249tl; **Demetrio Carrasco / Dorling Kindersley (c) Herge / Les Editions Casterman:** 112ccl; **Dorling Kindersley:** Banbury Museum 35c; Five Napkin Burger 152t; **Dixons:** 270cl, 270cr, 270bl, 270bcl, 270bcr, 270tcr; **Dreamstime.com:** Alexander Podshivalov 179tr, 191cr; Alexxl66 268tl; Andersastphoto 176tc; Andrey Popov 191bl; Arne9001 190tl; Chaoss 26c; Dragoness333 269cl; Monkey Business Images 26clb; Paul Michael Hughes 162tr; Serghei Starus 190bc; Isselee 292fcrb; Zerbor 296tr; **Education Photos:** John Walmsley 26tl; **Empics Ltd:** Adam Day 236br; Andy Heading 243c; Steve White 249cbc; **Getty Images:** 48bcl, 94tr; 100t, 114bcr, 154bl, 287tr; David Leahy 162tl; Don Farrall / Digital Vision 176c; Ethan Miller 270bl; Inti St Clair 179bt; Liam Norris 188bbr; Sean Justice / Digital Vision 24br; **Dennis Gilbert:** 106tc; **Hulsta:** 70t; **Ideal Standard Ltd:** 72r; **The Image Bank/Getty Images:** 58; **Impact Photos:** Eliza Armstrong 115cr; Philip Achache 246t; **The Interior Archive:** Henry Wilson, Alfie's Market 114bl; Luke White, Architect: David Mikhail, 59tl; Simon Upton, Architect: Phillippe Starck, St Martins Lane Hotel 100bcr, 100br; **iStockphoto.com:** asterix0597 163tl; EdStock 190br; RichLegg 26bc; SornVidis 27cr; **Jason Hawkes Aerial Photography:** 216t; **Dan Johnson:** 35r; **Kos Pictures Source:** 215cbl, 240tc, 240tr; David Williams 216b; **Lebrecht Collection:** Kate Mount 169bc; **MP Visual.com:** Mark Swallow 202t; **NASA:** 280cr, 280ccl, 281tl; **P&O Princess Cruises:** 214bl; **P A Photos:** 181br; **The Photographers' Library:** 186bl, 186bc, 186t; **Plain and Simple Kitchens:** 66t; **Powerstock Photolibrary:** 169tl, 256t, 287tc; **PunchStock:** Image Source 195tr; **Rail Images:** 208c, 208 cbl, 209br; **Red Consultancy:** Odeon cinemas 257br; **Redferns:** 259br; Nigel Crane 259c;

Rex Features: 106br, 259tc, 259tr, 259bl, 280b; Charles Ommaney 114tcr; J.F.F Whitehead 243cl; Patrick Barth 101tl; Patrick Frilet 189cbl; Scott Wiseman 287bl; **Royalty Free Images:** Getty Images/Eyewire 154bl; **Science & Society Picture Library:** Science Museum 202b; **Science Photo Library:** IBM Research 190cla; Victor Habbick Visions 281cr; NASA 281cr; **SuperStock:** Ingram Publishing 62; Juanma Aparicio / age fotostock 172t; Nordic Photos 269tl; **Skyscan:** 168t, 182c, 298; Quick UK Ltd 212; **Sony:** 268bc; **Robert Streeter:** 154br; **Neil Sutherland:** 82tr, 83tr, 90t, 118, 188ctr, 196tl, 196tr, 299cl, 299bl; **The Travel Library:** Stuart Black 264t; **Travelex:** 97cl; **Vauxhall:** Technik 198t, 199tl, 199tr, 199cl, 199cr, 199ctcl, 199tccr, 199tcl, 199cr, 200; **View Pictures:** Dennis Gilbert, Architects: ACUP Consulting, 106t; Dennis Gilbert, Chris Wilkinson Architects, 209tr; Peter Cook, Architects: Nicholas Crimshaw and partners, 208t; **Betty Walton:** 185br; **Colin Walton:** 2, 4, 7, 9, 10, 28, 40t, 42, 56, 92, 95c, 99tl, 99tcl, 102, 116, 120t, 138t, 146, 150t, 160, 170, 191ctcl, 192, 218, 252, 260br, 260l, 261tr, 261c, 261cr, 271cbl, 271cbr, 271ctl, 278, 287br, 302.

DK PICTURE LIBRARY:

Akhil Bahkshi; Patrick Baldwin; Geoff Brightling; British Museum; John Bulmer; Andrew Butler; Joe Cornish; Brian Cosgrove; Andy Crawford and Kit Hougton; Philip Dowell; Alistair Duncan; Gables; Bob Gathany; Norman Hollands; Kew Gardens; Peter James Kindersley; Vladimir Kozlik; Sam Lloyd; London Northern Bus Company Ltd; Tracy Morgan; David Murray and Jules Selmes; Musée Vivant du Cheval, France; Museum of Broadcast Communications; Museum of Natural History; NASA; National History Museum; Norfolk Rural Life Museum; Stephen Oliver; RNLI; Royal Ballet School; Guy Ryecart; Science Museum; Neil Setchfield; Ross Simms and the Winchcombe Folk Police Museum; Singapore Symphony Orchestra; Smart Museum of Art; Tony Souter; Erik Svensson and Jeppe Wikstrom; Sam Tree of Keygrove Marketing Ltd; Barrie Watts; Alan Williams; Jerry Young.

Additional photography by Colin Walton.

Colin Walton would like to thank:
A&A News, Uckfield; Abbey Music, Tunbridge Wells; Arena Mens Clothing, Tunbridge Wells; Burrells of Tunbridge Wells; Gary at Di Marco's; Jeremy's Home Store, Tunbridge Wells; Noakes of Tunbridge Wells; Ottakar's, Tunbridge Wells; Selby's of Uckfield; Sevenoaks Sound and Vision; Westfield, Royal Victoria Place, Tunbridge Wells.

All other images © Dorling Kindersley
For further information see: www.dkimages.com

português • english